与成长相伴
幼小衔接实践探究

杨斌　许炜　刘灵◎编著

编委会（排名不分先后）

杨　斌　许　炜　刘　灵　昂　洋　许　艳

贾婷婷　倪蓝青　赵　丽　计　然　江　珊

武　蓓　熊　懿　蒋雨晴　吕美玲　黄　静

夏明子　赵　莹　朱诗雯　王　璐　何佳欣

周君玲　王雯婕　张　佳

安徽师范大学出版社
ANHUI NORMAL UNIVERSITY PRESS

·芜湖·

图书在版编目(CIP)数据

与成长相伴:幼小衔接实践探究 / 杨斌, 许炜, 刘灵编著. -- 芜湖:安徽师范大学出版社, 2024. 10.

ISBN 978-7-5676-6827-0

Ⅰ. G612

中国国家版本馆 CIP 数据核字第2024KD6057号

与成长相伴——幼小衔接实践探究　　　　杨斌　许炜　刘灵◎编著

责任编辑:童　睿　　　　　　责任校对:李　娟

装帧设计:王晴晴　冯君君　　责任印制:桑国磊

出版发行:安徽师范大学出版社

　　　　　芜湖市北京中路2号安徽师范大学赭山校区

网　　址:http://www.ahnupress.com/

发 行 部:0553-3883578　5910327　5910310(传真)

印　　刷:安徽芜湖新华印务有限责任公司

版　　次:2024年10月第1版

印　　次:2024年10月第1次印刷

规　　格:787 mm×1092 mm　1/16

印　　张:12.5

字　　数:240千字

书　　号:978-7-5676-6827-0

定　　价:60.00元

凡发现图书有质量问题,请与我社联系(联系电话:0553-5910315)

前　言

　　幼小衔接，指的是幼儿园与小学两个教育阶段的衔接，是幼儿园教育的重要内容，但以前的幼小衔接只是幼儿园单方面实施的教育，没有形成幼小互通。自2021年教育部《关于大力推进幼儿园与小学科学衔接的指导意见》到2022年小学各学科新课程标准的颁布，强调以学生发展为本的理念，体现课程实施与学前教育相通的整体性原则。我们欣喜地看到，幼小衔接教育逐渐实现幼儿园与小学双向奔赴。

　　提起幼小衔接，家长想到的就是教授幼儿汉语拼音、数学简单运算和书写等。部分家长在幼儿园大班时会带自己的孩子开始学习小学知识。深入思考后不难发现，这是家长对未知领域的焦虑，存有不愿意自己的孩子在进入新环境和新阶段后落后、受挫，希望孩子始终保持在群体前列的心理需求。

　　近年来，镜湖幼儿园致力于生命教育课程的开发和实践探索，其涵盖了生命的长、宽、高三个维度。所谓生命的长度教育是指在教育过程中引导幼儿学会如何自我健康成长，尽可能地延续生命；生命的宽度教育涉及人的社会交往能力，是让幼儿学习如何与人交往，融入社会、热爱家乡、热爱祖国、热爱自然、热爱生命；生命的高度教育是指人的精神层面，是让幼儿学习成为对社会有价值的人，乐于奉献，让生命更有意义。其中，"幼小衔接"作为儿童生命成长的一个重要环节，是生命长度教育研究的范畴。幼儿园的课程目的是让孩子做个身心快乐、生活能力强、与人和谐相处、具有优秀品质、拥有社会担当精神和独立意志与灵魂的人。镜湖幼儿园的生命教育之幼小衔接教育，出于对孩子终身发展的诚意。这也是镜湖幼儿园生命教育之幼小衔接教育的独特之处。

　　镜湖幼儿园通过多年生命教育视角下的"幼小衔接"项目式融合教育实践探究，取得了一定的成绩，也积累了一些宝贵的经验。为了让更多的家长正确认识幼小衔接，镜湖幼儿园编写了《与成长相伴——幼小衔接实践探究》一书。如果你想让孩子拥有

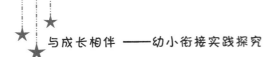

幸福的人生，拥有幸福的幼小衔接阶段，也许本书会给你一些启发。

镜湖幼儿园的幼小衔接课程故事并非一个完整的课程体系。从严格意义上而言，本书中与幼小衔接有关的课程只有《家园社奏响幼小衔接新方向》《你好小学》两篇文章，但是所有的项目式教学活动和一些充满乐趣的探索活动，也是幼小衔接的重要篇章。正如《3～6岁儿童学习与发展指南》和《幼儿园教育指导纲要》指出，要以促进幼儿身心全面和谐发展为己任，为幼儿进入小学阶段的学习做好基本素质准备。

幼儿园的教育活动是综合的、整体的。在开展生命教育之幼小衔接教育活动中，为方便读者理解四大准备，本书依据《幼儿园入学准备教育指导要点》中的身心准备、生活准备、社会准备、学习准备为分类标准，形成了前四篇。同时，从生命教育的角度出发，展现幼小衔接入学准备教育，遵循学前教育的整体性原则，增加了"综合准备"这一篇。

偶阅《王阳明家训》一书，感受到家长的育儿观点的重要性，受到启发，感悟现今幼儿园教育的社会现状，写下此前言。由于时间仓促和水平有限，书中不足之处，还望读者批评指正。

杨　斌

2024 年 09 月

目　录

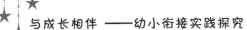

学习准备

综合准备

身心准备

与蚕宝宝的再次相遇

　　春天是一个充满希望的季节，大二班的孩子们在自然环境中体验、互动，他们用亲手描绘的40本绘本，以及蚕宝宝啃食过的桑叶作的40枚书签，记录了一个充满童真、童趣和有价值的蚕宝宝的课程故事。

　　2021年4月初，Z小朋友从家里带来了很多蚕，每个孩子都精心地照顾着蚕宝宝。从蚂蚁一样的蚁蚕，到肥肥胖胖的蚕宝宝；从雪白或金黄的蚕茧，再到扑棱翅膀的飞蛾。在养蚕的日子里，孩子们每天都细心地照顾这些弱小的生命，慢慢感受着生命的存在。一个多月后，飞蛾死去只留下了蚕卵。这些卵什么时候才能孵化出来呢？我们查找资料，观看了视频《蚕的一生》，得知第二年春天才能孵化出蚁蚕，小朋友有点失落。

　　环境生成课程，课程来源于生活。在大班与小学衔接的时间段里，幼儿对身边事物，有了更多的感受和思考。这一个多月里孩子们获得了探究体验的机会，收获了蚕宝宝形态变化的知识，获得了爱的体验，更亲身感受到成功的喜悦。

　　在孩子们的情绪随着飞蛾的死去变得失落的时候，我用适宜的方式表达情绪，以平和的心态处理不愉快的事情，帮助幼儿获得积极的情绪体验。通过照顾蚕宝宝学会保持良好的情绪状态，具备一定的情绪调控能力，将有助于幼儿积极适应小学新的环境和人际关系。

主题脉络

```
                              ┌── 幼儿猜测
                   ┌─ 意外邂逅 ─┼── 家园互动：查找资料
                   │          └── 总结归纳
                   │                          ┌── 覆盖法
                   │          ┌── 幼儿猜测      │
                   │          │── 做实验 ──────┤
 与蚕宝宝的再次相遇 ──┼─ 正或反 ──┤               └── 区分法
                   │          │── 幼儿讨论
                   │          └── 总结结论
                   │
                   ├─ 成长的"印迹" ─── 制作桑叶书签
                   │
                   │          ┌── 制作绘本故事图书
                   └─ 成长的礼物 ─┤
                              └── 绘本故事分享活动
```

实施过程

一、意外邂逅

2022年6月7日早上入园时，R小朋友激动地拉着我的手跑到自然角："又有蚁蚕了！又有蚁蚕了！"蚕宝宝又出生了。孩子们既充满惊喜，又充满了疑问。

这个谜团，再次勾起了孩子们对蚕宝宝的无限好奇和探究欲望，意外地引发了孩子们"十万个为什么"。猜想一：也许是因为蚕宝宝喜欢暖和的环境。猜想二：也许是因为蚕宝宝喜欢我们就出来了！我们的猜想对不对呢？为此，我们特地邀请了Z小朋友的爸爸帮我们查找资料，解答大家的疑惑。

我们得到了新的知识点：非滞育卵。非滞育卵是在温度适宜、桑叶供应充足条件下，蚕为适应繁殖产下的卵，十多天后就会孵化出蚁蚕。孩子们在得到解答之后，感叹地说：这就是一个循环（卵—蚕—茧—蛹—飞蛾—卵）呀！

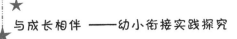

与蚕宝宝的再次相遇，激起了孩子们的兴趣。孩子们重新拾起第一次养蚕的经验，通过猜想—查找—探究—经验支持—得出结论，再次深刻地体会到了生命的循环。

在探究活动中，老师、家长与幼儿一起探究问题、解决问题，支持孩子们主动探索，孩子们的思维能力得到了发展。教师在活动中保持良好的情绪状态，感染和影响着幼儿，以欣赏、接纳的态度对待幼儿，帮助幼儿获得积极的情绪体验。

二、正或反

与蚕宝宝再次相遇的日子里，孩子们积累了更多照顾蚕宝宝的方法和技巧，也一直在探索、发现它。

有一天，在照顾蚕的时候，孩子们发现桑叶反面的蚕多一些，正面的蚕少一些。问题一：真的是桑叶反面的蚕宝宝多吗？14比6多，16比9多。结论：桑叶反面的蚕宝宝比正面的多。问题二：为什么反面的多？L小朋友，我猜是因为桑叶反面比较嫩，蚕宝宝小，喜欢吃嫩的；Z小朋友，我觉得反面的桑叶更有营养一些。我们上网查找，但没有找到相关资料，这个问题搁置了。这件事情不只是孩子们感到奇怪，我也感到困惑，于是我们找到了博学多才的生物老师。

生物老师让我们做两个小实验。实验一：覆盖法。将蚕分成两个盒子，其中一个盒子上盖一块布，另一个不盖任何东西，形成对照，看看蚕吃哪一面的桑叶？实验二：区分法。将数量相等的蚕分别放到桑叶的正面和反面，看看蚕喜欢吃哪一面？实验结果显示，蚕宝宝原来在哪面就吃哪面。孩子们拿出之前的照片，与现在的实验做对比。通过对比，孩子们思考，为什么前几天小蚕还喜欢在反面吃桑叶，长大了的蚕就不分正面反面了呢？孩子们讨论的结果是小蚕喜欢在背面，可能反面的叶子比较嫩，还可能是桑叶反面比较粗糙易于小蚕附着在上面，长大的蚕宝宝，体型变大，就无所谓正面反面了。生物老师的解释是蚕吃桑叶与正反面没有关系，与光有关，或与反面易于小蚕附着有关。

孩子们第一次通过做实验的方法验证猜想，所以兴趣很高。在幼儿感兴趣又值得探究的问题上鼓励他们去大胆联想、猜测，并设法验证。虽然中途遇到了小挫折，但教师给予最大的物质和精神支持，引导幼儿探究，将猜测—实验—结果形成有理有据的联系。最后，我们通过外援老师的经验支持，和小朋友们的积极思考，得出最后的结论。孩子们获得一种"自己得出的答案与生物老师相一致"的自豪感和成就感。孩子们在活动中获得了积极的情感体验。

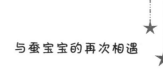

三、成长的"印迹"

孩子们在换新叶子的时候，发现桑叶被蚁蚕啃出了一个个小洞，在阳光下分外美丽，于是孩子们决定做书签。

书签制作活动开始了！怎样压扁呢？怎样区分呢？孩子们在桑叶上写好名字，然后封塑起来夹进书里，美丽的桑叶书签做好了。每个幼儿心里都有一颗美的种子，顺应幼儿的兴趣点，引导幼儿用自己的方式去表现和创作出属于自己的桑叶书签。这是孩子们陪伴蚕宝宝成长的"印迹"！

四、成长的礼物

60多天的观察，融合了40个孩子和家庭，以及多位老师的参与，生成了15个子课程、无数次的精彩发现。孩子们将观察到的内容用绘本记录，形成了属于自己的绘本故事。在陪伴蚕宝宝的60多天的时间里，孩子们在照顾蚕宝宝的同时，不断积累有益经验，用自己稚嫩的画笔，用童言童语讲述属于自己和蚕宝宝之间的绘本故事，学习的连贯性和发展的延续性得到更好地推进。

与父母一起讲述蚕宝宝的故事，在班级开展绘本分享活动。桑叶书签夹在蚕宝宝的绘本故事集里，是蚕宝宝送给孩子们的毕业纪念，是送给孩子们最珍贵的礼物，是属于我们大二班独一无二的礼物！

课程启示

虽然两个月养蚕的时间在孩子们的人生中是短暂的，但当他们有一天回想起儿时的美好，回想起在镜湖幼儿园大二班养育的那些蚕宝宝，一定会感谢它们，让自己懂得了生命的可贵，懂得了生命的价值！

《3～6岁儿童学习与发展指南》（以下简称《指南》）指出，幼儿要经历"关注问题，进行猜想和假设，设计调查、观察和实验方案并付诸实施，收集信息和进行记录，形成解释和得出结论，合作、分享与交流"的完整探究过程。回顾课程，孩子们在直接感知、实际操作、亲身体验中感受快乐，乐享生活的旅程。这是在生活中产生的最真实、最美好的课程故事！

沙池"畅""享"

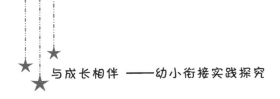

户外活动路过沙池时，站在滑滑梯上的Z突然大声说："水池里面怎么全是沙呀？还有好多水，太脏了。""好像是桥下面堵住了。"R探着小脑袋往桥下看着。他俩的对话吸引了许多孩子，有的探着脑袋，有的捂着鼻子，有的议论着原因。H说："我们可以清理水池吗？"

"Z发现水池变脏，幼儿围观议论"说明幼儿对此事物的变化产生兴趣。"H提出清理水池"透露着幼儿即时生发的情感意愿，是积极的心理表现。我尝试让幼儿表达自己意愿，鼓励他们通过实际行动来探索如何清理水池，体验劳动的艰辛，学会保持积极的情绪并坚持完成任务，为进入小学做好心理准备。

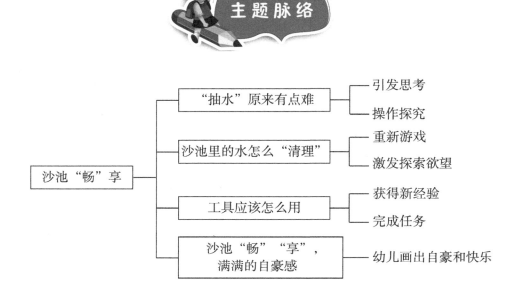

实施过程

一、"抽水"原来有点难

我同意了H的想法，孩子们开心地工作了起来，有的用小铲子舀水，有的用小水壶盛水，有的站到了水里，还有的甚至用双手捧水，玩得不亦乐乎，孩子们沉浸在玩水的乐趣中。

戏水和挖沙永远是孩子最喜欢的游戏之一。由于幼儿任务意识薄弱，我会用语言提示他们游戏计划，刚开始的五分钟孩子们干得特别起劲，可好心情很快被困难打败了。孩子们议论道："水池里的水也太多了吧，我们太小根本舀不完呀！""是呀，我这个勺子一舀水就跑了。""我袖子都湿了。""水好像更脏了。"一直在找下水口的R也说道："桥下面有个口，盖子都打开了水也流不走！""这也太难了。"

初次体验，幼儿都比较好奇，有的把清理当成了游戏。当游戏变成任务时，孩子们感受到了清理水池的困难，他们竭尽全力，但情况变得更糟。尽管幼儿对活动非常积极，按照计划参与其中，并带着期待去完成劳动，但从他们的言语反应中不难发现，第一次的劳动体验没有给他们带来良好的情绪，困难使他们失去了继续清理的动力。

如何让幼儿继续保持清理的愿望呢？于是，我问道："勺子为什么盛水很慢？为什么有些小朋友的水会从挖沙的铲子里面流走？"X："我拿的那个小勺子太小，每次只能舀一点点水。"R："挖沙的那个铲子是平的，水一下就流走了。"Y："我们可以用盆。"C："我家还有海绵，可以吸水。"T："我家有超级大桶，可以装好多水。"Y："不行，桶太大了，水池就那么点宽放不进去。"C："老师，这个牛奶罐可以用吗？"

孩子们在总结和反思中发现了问题，同时新工具的发现，让幼儿产生了清理的愿望，助推积极的劳动情绪发展。

二、沙池里的水怎么"清理"

新的一天，孩子们带了许多新工具，如牛奶罐、海绵、小桶等，获得了非常满意的劳动体验。Y："用大盆挖水好快，累了我还能坐着挖。"J："我双脚站到水里，这样好像更顺手。"K："R从这边，我从那边，两个罐子汇合，里面都装满了水，太好玩了。"C悄悄和R说："瞧，我这个勺子也能装水。"D说："海绵也可以把水吸出来。"

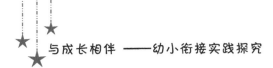

池子里的水越变越少，孩子们异口同声地说："明天我们再来继续清理。"

第二天，神奇的事情发生了，水池里的水没有了，只留下干干的沙子。"肯定是太阳把水晒干了。"Q断言道。C一本正经地点点头："水被太阳蒸发了。"F："那正好，我们把沙子弄走就好了。"

于是，大家又开始劳动。C："海绵赶不走沙子。"R："我的铲子也挖不起来。"Y："篮子也挖不了。"H直接扔下工具跑了。新的困境再度挫伤了幼儿的积极性，让他们产生了负面情绪。

从第二次清理水池的经历可以看出，幼儿会对工具的使用进行反思总结，探索工具在劳动中的创造性应用。他们试验着不同的方法，如面对面推动水流、用勺子装水、发现了海绵吸水的效果等。当他们看到水量减少时，获得了一种成功的体验。然而，沙子无法被清除的情况让他们感到困扰，他们再次感到情绪低落。

在幼儿游戏后，我让幼儿重温游戏情景，分析原因，培养良好的情绪。于是，我将手机中拍摄的幼儿成功抽水的片段呈现在幼儿面前，劳动获得的成功让他们开心，让他们体会到集体的力量，幼儿的语言变得积极，争先恐后地表达自己的方法，重新拾回了清理沙池的信心，转畏难情绪为积极情绪。

三、工具应该怎么"用"

汲取上次经验，有经验的孩子开始选择清洁工具，可是因为水道材质和形状的特殊性，清理并不是那么简单。R："扫帚怎么扫不起来，这个沙太滑了。"Y："沙子好小，都从铲子旁边溜走了。"J："河道里面的沙子，扫来扫去都在河道里面。"F："这些工具对沙子好像不管用。"

有的幼儿已经放弃扫沙，但新工具很有趣，有些幼儿开始用新工具玩起了沙子。于是，我拿起扫帚往上推，将沙子推出。J立刻学着做了起来。J："老师，我也把沙子推出来了。"J的表现也启发了其他孩子。F："我们用抹布这样往上兜，沙子也出来了。"X："兜的时候抹布打开，这样更快。"H："我双手一起兜。"C："我们先用勺子把沙子堆到一起再快速地铲出，我铲出了好多沙。"

在间接指导和经验分享下，孩子的思路似乎一下打开了，方法越来越多，沙池里面的沙很快被清理干净了。孩子们成功了，体验到了劳动带来的快乐和愉悦情绪。

四、沙池"畅""享"，满满的自豪感

清理水池是一项极具挑战的任务，幼儿在这个劳动体验中面临许多困难。正是这些困难让幼儿经历了许多情绪上的微妙变化。然而，通过大家的共同努力和不懈坚持，

沙池最终被清理得干干净净，孩子们充满了自豪感。

活动结束后，我肯定了孩子们的坚持，并让他们认识到自己在集体中的重要性。孩子们纷纷拿起笔，画出自己的心情，表达出了最真实的情感体验。H："我高兴地跳起了舞。"Y："我开心地转了起来。"T："我变成了大力水手，我倒立了。"J："我帮助幼儿园清理了沙池，我觉得很自豪。"他们的画作中表现出了满满的自豪和快乐。

课程启示

劳动的过程，是多个领域经验有机结合的过程，也指向多个领域经验发展的过程。在"清理沙池"的劳动体验中，幼儿面临着真实问题的解决，在提出假设、验证假设的过程中，探索的愿望更强烈了，关于周围世界的知识增长了，解决问题的能力增强了，难以单人完成的环节还会引发同伴的分工和合作，成功的体验增进了幼儿积极的自我认知。"清理沙池"的劳动过程渗透着STEAM课程的教育理念。

劳动是需要独立自主进行的活动，在此过程中幼儿慢慢体会到独立自主所带来的满足与成就感，开始感受自己的成长，为自我的独立感到自豪。同时，劳动让幼儿明白成功的背后是汗水和付出，积极情绪体验是挑战成功后心里那份甜甜的感受。劳动教育有利于促进幼儿全面发展，为幼儿进入小学做准备。

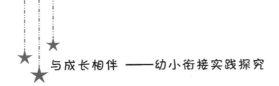

"与众不同"的小T

"老师，T把玩具扔得到处都是。""老师，T又趴在地上打滚了。""老师，T把L推倒了。"T，外向、调皮、专横、喜欢捣蛋，在集体生活中不能与同伴友好相处，无法接受批评，脾气暴躁。T以自我为中心，不会控制自己的情绪，更不会注意别人的情绪，与同伴相处能力弱，因此需要教师的帮助。

《幼儿园入学准备教育指导要点》（以下简称《指导要点》）提到，关注幼儿情绪发展的重要性，成人需要帮助幼儿学会恰当表达和调控情绪，利用游戏发展幼儿的情绪调控能力。针对T的个性特点，我从不同视角了解T，让其做游戏的领导者，帮助T提升良好的情绪调控能力，为其升入小学做好身心准备。

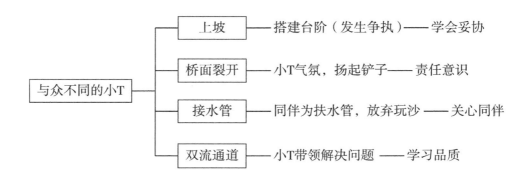

有了"领导"身份的T，情绪发生了大转变，我们来看看他的变化。T："老师，我要把前几天在沙池里面搭的城堡用桥连起来。"

T拿着他画的计划图向我跑来。一张看上去有点凌乱的计划图，特别符合T粗枝大叶的性格，再看他的画上就一个人，也表现出他想独霸沙池的欲望，同时从他的语言表述上也表现出他游戏目的明确。我对他竖了个大拇指，但要求他带领其他小朋友一起完成任务。在T的"领导"下，孩子们开始搭桥，用木块做桥面，用沙做柱子，还铺了台阶。

一、上坡

T用木块搭了一个坡度当作桥的台阶，并用沙子填实，他的想法得到孩子们的认可。但C却对坡度质疑道："这个台阶太滑了，要拆除。"T没有理睬，继续加固。而C也没有放弃，继续说道："你看，这个台阶一踩一滑，我都摔倒好多次了。哎呀，我都站不起来了。"一直独自游戏的T伸出手说："我拉你吧！"并和C一同拆除了台阶。

T被同伴的可爱动作及和善的语言感染，他开始学习接受别人的合理建议，调整游戏方案，学会尊重他人。游戏纠纷是提升幼儿交往经验的契机。

二、桥面裂开

C："这个桥牢固吗？"C不停地在桥上跳着，T默默地看着他跳，突然的塌陷正好被T发现，T大声地叫了一句："下来。"这时候的T情绪立刻发生了变化，语气很气愤，手上的铲子已经扬起。我立刻说道："T小队长，路面裂缝紧急处理。"一句队长，让T立刻改变了处理方法。在我的提示下，T将不满情绪收回，观察桥的损坏位置，修补起桥面。由此可以看出T对"队长"的头衔很在意，还是可以控制自己情绪的。

三、接水管

T提议将班级的水管玩具接长做水管，得到了大家的认可。T："先把水管接长，我来接，你们帮我拿管子。"Y："你接得太快了，要插紧。"R："这都没拧紧。"T快速把管子插好说道："开吧。"

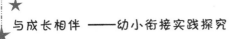

水并没有流进管道，而是从直管处直接流到草地里了。T转了一下底端的弯头，水流进了水管。Y："水从四面八方流出来了，老师这可怎么办呀？"教师："你们把管子口转个方向试试"T："成功了，水流到沙里面了。""水龙头开大。"Y："开大管子就掉了。"T："你就这样扶着，别动。"T的一句别动，Y就这样坚持了很久。教师："Y你这样一直扶着不累吗？"挖沙道的T听到我这么一说，抬头看向Y说："管子卡住了哎，你也进来玩吧！"

中班幼儿认知水平有限，当幼儿有困难求助我的时候，我采用语言提示，T很快就理解了我的意思，将水管调了方向。同时，当游戏中的T发现同伴帮助他扶管子很累时，会关心同伴了。接管游戏，让T的观察、探索、迁移经验等学习能力得到提升，同时还学会了与同伴商量、等待同伴、帮助同伴，社会交往能力得到了很大的提高。

基于孩子们在前期游戏中的表现，我让他们继续游戏，并鼓励T继续做小队长。接下来的几天让我看到了游戏赋予幼儿的力量，幼儿的智慧在游戏中点亮，让我惊喜不断。

四、双流通道

Y："这里水堵住了。"T："挖深一点，你看就像这样，像个瀑布。"Y："我这里也有瀑布了。"T："对，接着这样快快地挖，水就一直往前。"Y："怎么又没水了呀？"T看看水龙头，发现水已经开到了最大，于是将水管抬高："你看看我把管子抬高水有没有变大呀？"Y："现在有水了。"T："我们再挖一条水道吧？""你看，我这样一划，水就过来了。"R："我帮你。"

在挖第二条水道的过程中，T发现第二条水道弯度太大，水流不过去，于是他将第二条水道弯度调小，缩短与第一条水道的距离。挖水道并不容易，但T和他的同伴们都在坚持，最终双流通道成功了。

游戏中的T将两种气质相融，散发着独特的个人魅力，吸引同伴一起游戏。对困难他不退缩、不依赖别人，自己探索解决方案，有独立解决问题的愿望。随着游戏的推进和同伴对他的帮助，他意识到交往的乐趣，在交往中学会压低声音和语气，渐渐学会了调控自己的情绪。

不断探究，寻求方法解决问题，是幼儿学习能力的体现；同伴间互相配合，相互

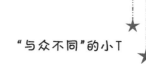

理解，是他们社会性发展的表现；不放弃，专注坚忍，独立思考是学习品质的体现。三者结合，映射出游戏对幼儿发展的促进作用。在游戏中的坚持、专注、活跃的思维和对自己的信心、对同伴的信任，都会迁移到他们日后的学习与生活中，润物无声地影响着他们未来健全人格、良好身心的形成。

我爱我的幼儿园

课程起源

开学第一天我就听到孩子们兴致勃勃的声音："老师你看，窗户后面的小山坡不一样了哎！"那惊喜的眼神，跃跃欲试的小动作充满了期待。自然以其独特的魅力吸引着幼儿，鲜艳的花朵、飘动的云彩、飞舞的蝴蝶……都会使孩子产生无限的遐想，获得美的感受。大自然为幼儿提供了最好的活动场所。

《幼儿园教育指导纲要》（以下简称《纲要》）指出，培养幼儿爱护动植物，关心周围环境，亲近大自然，珍惜自然资源的环保意识。根据中班幼儿的年龄特点，结合幼儿园生命科学的园本课程，充分挖掘身边自然环境的教育功能，扎实开展绿色生态教育。从孩子最熟悉的地方出发，认识自然与生物之间的联系，激发他们对自然的热爱，培养积极向上的人生观。同时，结合《指导要点》中身心准备的发展目标，孩子们在合作探索中对生活充满向往，以积极的情绪全身心投入幼儿园的游戏中，共同打造专属的"自然生态幼儿园"，为幼儿的幼小衔接身心准备奠定基础。

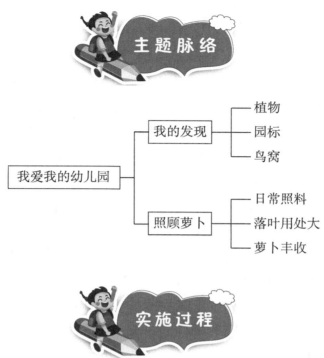

主题脉络

我爱我的幼儿园 —— 我的发现 —— 植物 / 园标 / 鸟窝

我爱我的幼儿园 —— 照顾萝卜 —— 日常照料 / 落叶用处大 / 萝卜丰收

实施过程

一、我的发现

老师带着我们一起去幼儿园的新后花园做游戏，大家发现了各种各样的花朵，叫不出名字的植物，还有我们的新园标。"我觉得像小鸟。""不对，那是小鸡。""这不就是我们的小手嘛，彩色的小手。""我看像书上大象的脚掌。"

你瞧，树上还多了一些奇形怪状的鸟窝。"鸟窝里有没有小鸟呀？""小鸟晚上就在鸟窝里睡觉吗？""幼儿园的鸟窝够不够睡呀？"带着问题我们开始关注是否有小鸟停下来休息，并积极主动地给小鸟搭建鸟窝、准备食物，把鸟窝挂在了树上，每次经过这里都要看看鸟窝有没有鸟。不过很可惜，这学期也没看到过有小鸟在鸟窝里栖息。大家一起讨论原因："小鸟有自己的家，不住别人的家。""鸟窝太小了，鸟儿不喜欢。"大家的理由千奇百怪，但听起来好像都还有那么点道理。

二、照顾萝卜

1. 日常照料

2020年10月8日，我们接到了照顾萝卜的任务，大家特别高兴，每到浇水时，都要去体育角拿水管，水管有一定重量，但我们却不放弃，齐心协力地拖水管，嘴里还

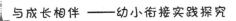

喊着"一、二、一"。当看到水从水管里冒出来的时候，那是我们最开心的时刻，大家欢呼雀跃，庆祝自己的成功。

2.落叶用处大

萝卜也不负众望，一天天地长大，大家在欣喜它成长的同时也不由得担心起来："周末我们不来幼儿园，萝卜会不会渴死？"从老师那里得知幼儿园的门卫爷爷会帮忙照顾。"啊？门卫爷爷的工作不是站在门口执勤吗？""对呀，照顾小萝卜也归门卫爷爷管吗？""门卫爷爷还做些什么是我们不知道的吗？""一起瞧瞧去……"说着说着，大家对门卫爷爷的工作产生了兴趣。大家一起围观门卫爷爷工作。门卫爷爷在扫落叶时，大家就一拥而上捡起落叶，要给门卫爷爷减轻"负担"。我们捧着落叶喜欢得不得了，便"偷偷"地塞进了口袋里。

午饭时间，老师发现地上一点一点的树叶碎屑。"谁把树叶带进班级了？""是我。"只见Q从口袋里摸出一把细碎的树叶。"你把树叶放口袋干吗？""我想拿回去做裙子。""我也是，我也是……""我可以把它做成扇子。""我还和妈妈做过树叶画呢！"老师笑弯了腰说道："哈哈哈，你们把树叶当宝贝呀！好的，那我们就试一试！"

有了老师的支持，幼儿的干劲儿更足了！大家开始研究"落叶可以做什么"？有做帽子的、卷成花束的，还有做小蝴蝶的。爸爸妈妈也说："一回家，动画片也不看了，就要捡树叶。"最后，幼儿在班级里分享着自己的作品。

老师还将做我们的作品粘贴在班级主题墙上，看着我们的作品，大家的心里充满了自豪感。

3.萝卜丰收

随着季节的变化，小萝卜也到了丰收的时候，大家纷纷撸起袖子铆足了劲去拔萝卜。"嗨呦，嗨呦，拔萝卜！""我拔出来了！我拔出来了！""太棒了你！""咦，怎么是白萝卜？""我们种的不是胡萝卜吗？""白萝卜是个惊喜！"

意外的白萝卜并没有给幼儿带来困扰，相反大家更加兴奋起来，因为幼儿更在意的是收获的喜悦！萝卜的样子瘦瘦小小的，大家一起反思原因，还是平时照顾不周到，杂草太多了，吃掉了本该属于小萝卜的营养。老师准备扔掉没长成的小萝卜，幼儿好舍不得，有人提议道："可以去喂小兔子呀，小兔子爱吃萝卜呢。"

说完，我们就捧着心爱的小萝卜去喂"团宠"小兔，看到小兔子吃得津津有味，我们比自己吃还开心呢！还有一些长大的萝卜，我们把它们送到了厨房，厨房阿姨炒了一碗香喷喷的萝卜餐。因为材料有限，每人只分到一口，老师怕幼儿把碗抢翻了便拿着筷子一一分配。幼儿迫不及待地张着小嘴巴，当尝到劳动的果实时，那滋味真甜呐！

课程启示

　　孩子们好奇的小眼睛到处寻找、发现，一花一草都能引起他们的关注，有的关注持续时间很短，但也都能开动脑筋，在想象的世界里遨游。幼儿对小小鸟窝的关注较高，这源于幼儿对生命的好奇和爱惜之情。我们及时保护幼儿的求知欲，顺应孩子的意愿，与孩子一起准备鸟窝和食物，虽最后未有小鸟住进人造鸟窝，但是孩子们也能联系自己的认知经验去分析原因，明白动物的家还是在大自然中，自由自在是它的天性。在整个探索新后花园的过程中，幼儿你一言我一语，积极地表达着自己的想法和需求，其向往入学、情绪良好这两个培养目标得到了实现。

　　从搬水管的故事中我们可以看出，一件成人觉得累的事，在孩子眼里却是开心的游戏。这也让我反思，和孩子一起不能用成人的眼光去看待问题，应该和孩子一起参与进去，互相学习，感受孩子真心的世界。

　　落叶用处大是由幼儿衍生出来的活动，生成活动往往让人意外，谁会想到照顾萝卜会延伸到落叶上，恰恰是孩子对萝卜的关心引发了孩子新的好奇点。教师尊重幼儿的想法和观点，并积极地支持孩子们更深入地去探索他们未知的一切，相信每一次的学习经历都能内化成丰富的生活经验和知识。这一次活动还借助了家园共育的力量，由于每个孩子想要制作的作品不一样，制作的前期准备是在家长的指导下进行的。每个孩子选择了自己喜欢的方式，将落叶变废为宝，当作品在集体面前分享时，孩子们都骄傲地介绍着自己的作品。从准备材料到制作步骤，孩子们在亲身体验中学会了独立完成一件自己喜欢的事，开启学习生活的情感动力，有助于他们适应小学的学习生活。

　　小小的一片种植地给了幼儿一个观察与发现、付出与收获的自由空间，达到了人与人、人与自然的和谐共处，也让幼儿体会到果实的来之不易和收获的喜悦。如果说"我的发现"是孩子自发地寻找兴趣点，那"照顾萝卜"则是成人给予的任务引发的兴趣点。孩子们享受整个照顾萝卜的过程，能够在其中体验到生命的成长、劳动的乐趣、分享的快乐、付出的收获。在潜移默化中，幼儿从对幼儿园简单的热爱到关注每一处的点点滴滴，在情感上变得更细腻，在集体中更幸福。这与《指导要点》中身心准备的教育建议相吻合。

　　在幼儿园里，我们遇到的小鱼、小鸟、小兔以及萝卜都是幼儿园生命的代表，平

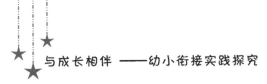

时孩子们看到这些可能仅仅只是看一眼，好奇一下。但自从班本主题生成后，幼儿不仅仅局限于表面的观看，还深入了探索的环节。虽然孩子研究得不是很深入，但在潜移默化中加深了对幼儿园里生命的关注。

一次简单的幼儿园探索之旅，让幼儿渐渐明白幼儿园对自己来说不仅是学习生活的公共场所，更是一个有爱的大集体。这样的爱不仅仅来自人与人之间，还有人与自然的和谐共处。在与自然的亲密接触中体会到生命的长度、宽度和高度，从而形成正确的世界观、人生观、价值观。同时，初步建立对幼儿园的归属感和认同感，期待上幼儿园，更进一步地学会适应新环境、新集体，为顺利进入小学奠定基础。

动物朋友

课程起源

　　幼儿园里的种植饲养区一直是孩子们饭后散步经常关注的区域，特别是小动物。喜爱动物是幼儿的天性。2022年9月，新学期的一次散步，孩子们来到鸡舍热情地和小鸡打招呼。W小朋友："老师，怎么少了一只鸡？"我："少了吗？原来几只？"W小朋友："原来有5只，现在只有4只了！"听他一说，其他孩子纷纷说："是的，少了一只！"

　　《指南》提出，幼儿的真正探究始于对问题答案的追求。孩子们对于"少了一只鸡"这一现象非常好奇，非常执着。少了一只鸡会有教育价值吗？面对幼儿发出的疑惑，我并没有否定，而是及时与孩子交流，赞扬他们善于发现的品质。同时，决定先追随幼儿的好奇，走进孩子们的世界看看会发生什么事。

主题脉络

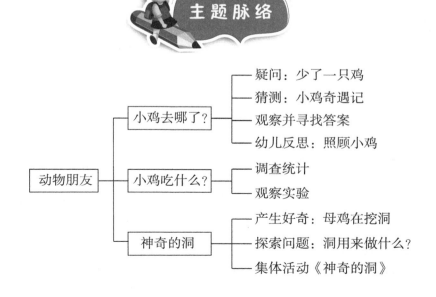

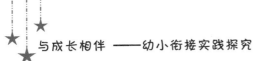

一、小鸡去哪了？

来到班级后，孩子们对"少了一只鸡，它去哪了"特别好奇。于是，我便鼓励幼儿用图画的方式记录猜想的过程——《小鸡奇遇记》。"有人带着锅，把鸡放在锅里变成鸡汤了？""会不会有陷阱，它掉下去了！""小鸡飞走了！""小鸡被小偷偷走了！""小鸡想妈妈了，它偷偷跑出去找妈妈了。""天气太热，小鸡被晒死了！"

孩子们调动已有的生活经验，如动物习性、人类饮食以及拟人化去找妈妈等。为探究事实情况，我带孩子们再次来到鸡舍。在讨论过程中，孩子们进行了进一步探究。我对幼儿有浓厚兴趣的问题"为什么少了一只鸡？"作为集体讨论的话题，鼓励幼儿分享自己的发现和观点，支持他们进一步探究的想法和行动。

"小鸡的家有好高的网，不会飞出去的！""看！这里也没有陷阱啊？怎么掉下去呢？""门上有锁啊？不会被偷的！"我介入孩子们的探讨："如果幼儿园进小偷，谁会第一个发现呢？""我们都不在幼儿园，是谁照顾这些小鸡呢？""我知道了，我们可以去问问曹爷爷！"孩子们纷纷想到了饲养员曹爷爷。曹爷爷说："那一只因为暑假温度太高，中暑热死了！""要是能搭个帐篷，小鸡就不晒了！""要是再养一只鸡，我一定要好好照顾它！"

《指南》提出，以绘画表征、谈话等多种方式给予幼儿提出问题的时间与机会，激发幼儿的探究兴趣，创设环境。对于孩子们的猜测，我和他们一起去现场再进行验证，我没有急于提出自己所谓"正确"的想法，而是帮助幼儿通过验证来寻找最终的答案。同时，为进一步培养幼儿关爱生命的意识与情感，于是开展进一步的探究活动——小鸡吃什么。

二、小鸡吃什么？

该如何照顾小鸡呢？孩子们先从小鸡爱吃的食物进行讨论："小鸡吃米""它爱吃虫子""它爱吃棒棒糖""它和狗狗一样，要吃鸡粮"。孩子们觉得小鸡爱吃的食物太多了，不如将这些食物画在调查表中，我倾听幼儿并做记录。

在这一环节中，鼓励和引导幼儿初步认识调查记录表，了解"记录"在科学探究

活动中的重要性。我用文字记录孩子的图画表征，因为幼儿的生活经验有限，猜想内容相似，通过收集归纳信息，最后进行汇总形成调查统计表。根据调查统计表，孩子们进行第二轮筛选，并鼓励幼儿说明保留或去除食材的理由，充分调动幼儿已有的经验。筛选出来的食物，发动家长共同参与，让家长也成为幼儿探究过程的引领者、支持者、帮助者。

第二天，每个孩子都带来了食物，面对这么多的食物，孩子们又遇到了麻烦事。带来的食物太大了，蔬菜都是一整棵，面包都是一片一片，大米都是一大袋，这该怎么办？能将一整棵大白菜喂小鸡吗？Y说："不如我们把这些菜变小吧！"说干就干，大家分组行动：第一分队负责将面包碾碎并将胡萝卜切丁；第二分队负责将大米和玉米粒分小袋装；第三分队负责摘蔬菜。完成后让我们一起去实验吧——投食能否成功呢？"小鸡全部跑掉了，怎么办啊？""我们声音太大，把小鸡都吓到了！""我们把食物倒在一起。""我们放好后，就出来，离远一点！"没过一会，小鸡们就过来吃食物了，投食成功孩子们都非常开心，一直静静地看着小鸡吃食。

第三天晨间活动，孩子们好奇地问我："小鸡把食物都吃完了吗？"与其直接告诉答案，不如我们一起走进鸡舍去看一看吧！孩子们将自己的观察告诉同伴："看！菜叶全部吃完了，菜根没有吃，里面的大米也没有吃完！"小鸡最爱吃菜叶！

孩子们记录—统计—准备材料—实验—得出结果，从讨论与分享中，感受到他们非常享受探究实验的过程，都迫不及待地想要看看实验的结果，将被动学习转为主动学习，进一步培养了幼儿的活动探究能力。

三、神奇的洞

经过两次探究活动，孩子们在饭后散步时更加关心小鸡。11月初的一次饭后散步。"老师，快看！小鸡在挖洞！它在下蛋！"咦？没有蛋啊！""这里有一个洞，那里也有一个洞"！

洞也好奇吗？追随幼儿的兴趣，事后查阅了资料，原来这个洞还真的大有学问。孩子们会有什么想法呢？听听他们是如何讨论的："洞，用来做什么呢？"猜测一：用来孵蛋；猜测二：在里面上厕所；猜测三：挖虫子吃；猜测四：为了储藏东西。除了孩子们所说的猜测均有可能外，我通过查阅资料发现，还有一个原因便是动物的生活习性——洗澡。动物洗澡吗？它们是如何洗澡的？和人类一样吗？这些都是进一步了解动物非常有意义和价值的问题，所以在猜测后组织开展有关动物洗澡的科学活动。

1.活动前讨论

你们平时是怎么洗澡的？动物洗澡吗？它们是怎么洗的？"小猫是用舌头舔爪子然

后擦脸。""我带小狗是去宠物医院，医生带它洗澡的。""小兔子怕水，不能洗澡；小鱼在河里洗澡。""我还知道有的小动物喜欢蚁浴。"

2.活动中的关键词

动物都是怎么洗澡的？我搜集了一些动物洗澡的视频，播放给幼儿观看。

3.活动后的整理、分析与归纳

亲子调查表"动物洗澡大调查"，引导幼儿关注分类的标准，并让幼儿说一说你是根据什么分类的？

孩子们对"洞"的好奇引发了对动物生活习性的探究，从而引出了新的知识。这样的学习激发了幼儿的思考与讨论，促进新经验的形成。

《指南》强调，要尽量创造条件让幼儿参加探究活动，使他们感受科学探究的过程和方法，体验发现的乐趣。在三个探究活动中，追随幼儿视角与兴趣，在一日生活中捕捉幼儿对动物的观察，提取有教育意义和价值的问题进行渗透。作为一名教师，我是幼儿在探究过程中的引领者、支持者、帮助者。

《指导要点》指出，帮助幼儿获得积极的情绪体验。在幼儿活动中，教师积极参与，重视幼儿的好奇，面对幼儿的疑惑时始终正面回应幼儿发现的问题，给他们提供一种积极稳定的情绪去探索。幼儿探究的世界往往是他们引导我们，而作为传授者的教师只是提供成人的生活经验推动他们进一步探究，两者除了教与学，还有支持与促进。

生活准备

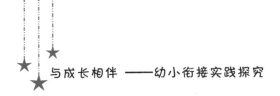

一棵高高的枇杷树

课程起源

  午饭后的散步时间，孩子们聚在一起，似乎发现了什么新奇事，他们抬着头，目光定格在一棵枇杷树上。幼儿园里的这棵高高的枇杷树，枝叶繁茂，一簇簇金灿灿、沉甸甸的枇杷悄然成熟，惹得孩子们垂涎欲滴。孩子们每天都要去观察这棵枇杷树，已然成了一日活动中的规律了。

  从讨论、提醒老师采摘时的安全防护、参与种植劳动直到爱惜自己的劳动成果，孩子们逐渐对生活中的事物产生了兴趣，养成了规律作息的习惯，提升了自我保护的意识和能力，学会尊重和珍惜他人的劳动成果，不知不觉达到了《指导要点》中生活准备的发展目标。我们的课程故事便从这一棵高高的枇杷树开始。

主题脉络

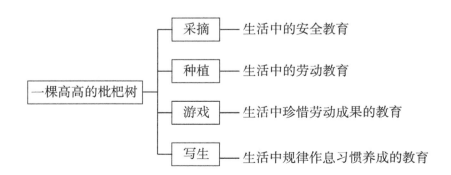

兴趣激发研究，孩子们想了解这棵枇杷树，每天都要下楼去看看。X："老师，今天枇杷果又长出来了好几个！叶子又长出来了！"R："我看见叶子上有绒毛！"

一、采摘

"这枇杷是不是能摘啦？"观察了这么久，孩子们已经迫不及待了。"老师，我想尝尝枇杷果！"孩子们进行了探讨活动，这么高的树，怎样才能摘得着这些枇杷果？R："搬梯子、拉长绳。"T："抬桌子，站椅子，拿竹竿。"S："下面要记得带一个网。"孩子们绞尽脑汁地想出生活中常见的工具，大家在活动室里讨论得不亦乐乎，都动起了脑筋。

然而走出教室真正站在了树下，大家都觉得，梯子是一件非常便捷的工具，能够快速接近枇杷树。"我家里有梯子，我爸爸修灯的时候就用梯子！""我家的梯子太矮了，是够不着这棵枇杷树的。"经验来源于生活，孩子们联想到平日生活中关于梯子的场景。老师借来了高梯子，还有长长的竹耙，这下枇杷果稳稳地落进了孩子们的怀里。孩子们一边欢呼，一边为老师加油打气，有的小朋友提醒老师要注意安全，不要摔下来，孩子们的关心让老师心里暖暖的。大班的孩子有了集体荣誉感，有了团结意识，有了安全防护与自我保护意识，也具备了关心和帮助他人的好品质。

采摘结束，孩子们的手却没有停下来，采摘时的场景深深地映入他们的心中，通过画笔的描绘，孩子们还原出一日生活中最美好、最激动的场景。

自己的事情自己做，果实带回班级里，孩子们开始清洗枇杷果，然后分发给每一位孩子。"品尝"是孩子们最喜欢的一件事，将枇杷撕皮儿咬一口，尝起来时每个人的表情都不一样，有的大快朵颐直呼好甜，有的眯着眼睛叫唤太酸，为什么会这样呢？小朋友们又讨论了起来：有点发绿的地方硬硬的，就是没有成熟的，很酸，有的枇杷通体橙黄成熟了，就会很甜。为什么你吐出来的核儿有两个，我却吐出来三个核呢？孩子们的疑问一个接一个，探索兴趣越来越浓厚。

二、种植

枇杷核是个充满生命力的东西，扔掉实在浪费，孩子们提议把枇杷核种进土里，

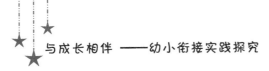

希望也能长出一棵枇杷树来。

可是把枇杷核放进土里就行了吗？E："直接放进土里就可以了。"T："要不要把外面那层褐色膜撕下来，这样冒芽儿更快？"大家都不确定，于是我们种下了两盆，一盆是核儿直接放进土里，另一盆是撕掉了褐色膜的核儿，接下来就是浇水施肥和等待。幼儿每天都在记录，可是核儿久久没有变化，是哪里出问题了？

孩子们带着疑问回家了，让父母陪同一起去寻求答案，第二天回班级讨论。

孩子们的种植活动让家长参与进来，可以获得最丰富全面的生活知识。家长通过网上查阅资料，给孩子们讲述了适合枇杷种植的自然条件——气候、温度、土壤、时间、光照、水分等，孩子们才了解枇杷到底应该怎样种植。孩子们分工合作，制订种植计划，轮流值日定时浇灌照顾他们的小小枇杷树。瞧，孩子们种的枇杷核儿在学期快结束的时候，终于冒出了绿芽，全班欢呼雀跃！

三、游戏

枇杷核儿短时间内生长不出来，却又不舍得扔掉，对于自己的劳动成果孩子们还是非常爱惜的。那么剩余的枇杷核儿可以做些什么呢？游戏是孩子的天性，不自觉地就想到用枇杷核来玩游戏。Y："可以把核儿当成棋子，用不同颜色的黏土包裹，玩棋类的游戏。"L："可以拼图！"R："可以玩投掷！还能打弹子。"

四、写生

树上的枇杷果虽然吃完了，但孩子们形成的规律作息又带领他们来到了枇杷树下。"我还想再看看枇杷树，我们可以画这棵树吗？"孩子们搬椅子，搭画架，拿画笔，走近了枇杷树。写生的过程既是孩子对大自然理解、探究、表达的过程，也是对自我劳动过程体会和反思的过程。孩子们用"画"的方式进行"写实生活"，画出生活中对这棵枇杷树的看法及感受。只有画出来，才能明白枇杷的叶子是往上一簇簇伸展的；枇杷树的枝干是细细直直的；枇杷果是一串串的，外形是滴水状的。画出了采摘、种植成功的过程，才明白劳动是让人喜悦的，让人获得自信的，做任何事情需要考虑安全，需要坚持不懈。

"枇杷树好像不会开花！反正我没有见过！"孩子们讨论起来。在观察枇杷树的时候已经没有花朵了，枇杷树不会开花吗？还是先开花后结果？赶紧一起查查资料，原来枇杷花是一簇簇生长的，白色的小小的五瓣花，花凋零很长一段时间后才结出一串串的果实。孩子们把心目中的枇杷花描绘出来，终于在十二月中旬的一天，孩子们在枇杷树上发现了真正的枇杷花。

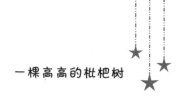

课程启示

　　《指导要点》提出，幼儿应养成良好的生活习惯、学会生活自理、有安全防护意识、积极参与劳动活动。孩子们坚持自己的事情自己做，有自我保护意识，知道基本的安全知识，并且能做力所能及的种植劳动，这些都是幼儿在幼小衔接阶段所必备的基本能力素养。幼儿通过自己特有的方式与周围环境互动的过程，是幼儿主动地了解周围的社会环境、自然环境和物质世界的过程。用身边的枇杷核作为低结构游戏材料，制作实用的玩具，可以让幼儿主动探索、操作获取新知识点，由此幼儿在珍惜劳动成果的同时创造能力也在游戏中不断提升。用这种充满生命力的低结构材料进行游戏，过程也得到了升华。

奇妙的大树

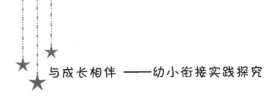

课程起源

九月开学初，一天下午的户外活动，我们班的 M 小朋友被树上飞来的小蜜蜂给蜇了。我们班的孩子对这样的突发事件，表现出前所未有的好奇和关注，可能是他们第一次经历这样的事情。因此，我抓住孩子的好奇心，顺应幼儿的兴趣，紧密围绕"小蜜蜂"，开展了一系列的班本活动。

《指导要点》提出，鼓励幼儿学习安全防护，增强幼儿自我保护的意识和能力，指导幼儿学会求救的方法。我们本学期的班本主题活动内容有："树上飞来的小蜜蜂"和"采摘柿子"。

主题脉络

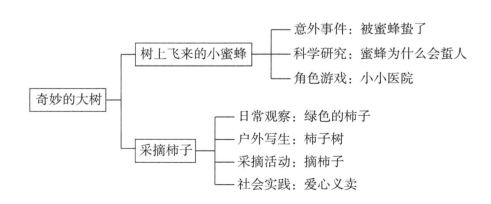

实施过程

一、树上飞来的小蜜蜂

M小朋友被树上飞来的小蜜蜂给蜇了的突发事件，在班级引发了集体的好奇和关注。"哪里来的小蜜蜂呢？""蜜蜂真的会蜇人呀？""它为什么要蜇人呢？"孩子们兴奋地讨论着，大家对小蜜蜂都充满了好奇。基于幼儿的问题和兴趣，和他们共同梳理后，再迁移大班幼儿的生活经验，我们开启了一段关于蜜蜂的探究活动。

我鼓励孩子们在区域活动中将此次的突发事件，用连环画的方式进行记录。大班孩子能力逐步增强，能根据整件事情发生的先后顺序，有条理地记录。有趣的是孩子们在创作的时候，不仅能画，还能将当天的事发过程完整、绘声绘色地进行讲述。

幼儿表征是一种有意义的语言，是幼儿思维的主要载体，是想象力发展的基础，是表达其记忆、想法、设想、感受以及他们在探究活动中所获得的知识经验，也是教师解读幼儿行为的关键。通过解读幼儿的表征，我们可以捕捉到幼儿的兴趣点、了解幼儿的发展水平、看到幼儿的个体差异、发现幼儿的问题、看懂幼儿的思维。

此时的孩子们对"蜜蜂蜇人"事件充满了好奇，我们和他们共同在班级开展了有关"认识蜜蜂"的主题活动。通过查找资料和图书的介绍，我们找到了答案，原来蜜蜂的一生会经历：卵、幼虫、蛹及成虫四个时期。蜜蜂完全以花粉和花蜜为食。我们还认识了小蜜蜂的身体构造，蜜蜂的身体分为头部、胸部和腹部，头部包括触角、复眼、口器，胸部有膜翅、足。M："小蜜蜂嘴巴上的针呢？"S："对呀，它蜇人的针怎么不见了？"

最终，我们在图书的小蜜蜂身体结构图里发现，蜜蜂蜇人的针原来根本就不是在头部，而是在蜜蜂的腹部末端长有蜇针，上面的毒腺还会分泌毒液。蜜蜂用刺针蜇人是为了保护自己和蜂群，但是蜇人之后，蜜蜂失去刺针，身体的内部受到了严重的伤害，不久就会死去。听到这里，幼儿又对小蜜蜂产生了同情，也更加深切地感受到，生活中我们尽量不要去招惹小蜜蜂，在户外玩耍或欣赏美景的同时也要学会保护自己，如果真的不小心遇到了突发状况，一定要在家长陪同下寻求医生的帮忙。

根据蜜蜂蜇人事件，贯彻《指导要点》中知道基本的安全知识，遇到危险会求助，

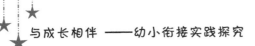

学会保护自己。我在班级和孩子共同增设了新的角色游戏区域："小小医院"。

游戏观察中，我发现孩子们对于医生这个职业的了解较为浅显，因为在孩子的生活经验里只有自己生病了才会去医院，每次去医院也基本都是相同的内容，即接受医生检查、抽血、输液、在家按时服药。为了丰富孩子们的游戏经验，我们进行家园配合，借助家长的资源，邀请医生家长帮我们拍摄生活中真实的医院就诊流程。通过视频和图片，孩子们了解到去医院需要准备些什么，怎样挂号就诊，医生的工作有哪些，认识一些常见的医疗器材等。游戏中，孩子们认真扮演着小医生并仔细地帮助病人治疗。

成人要善于发现和保护幼儿的好奇心和求知欲，充分利用自然和实际生活，引导幼儿通过观察、比较、操作等方法，学习发现问题、分析问题和解决问题；教师需在生活和游戏中帮助幼儿不断积累经验，形成受益终身的学习态度和能力。

二、采摘柿子

秋天，幼儿园里的果树丰收了，红彤彤的果实挂在枝头，让来往的孩子们欢欣雀跃。C："我记得在刚开学的时候，柿子树上的柿子还是绿色的呢！"Y："对，那时候柿子还没有熟呢！"Q："我都想尝一口了。"九月初，柿子还是绿色的，挂在枝头、藏在叶中，秋风轻轻一吹，柿子变红了，我们带上画笔和纸，记录下丰收的美好时刻。

柿子熟了，我们快去摘柿子吧！孩子们亲手摘下的柿子和石榴，还拿到社区进行爱心义卖。我们要将爱心分享给山区里有困难的小朋友，因为他们更需要我们的帮助。

围绕幼儿园的丰收季"采摘柿子"这一主题我们开展了：日常观察、户外写生、劳动采摘、爱心义卖等丰富多彩的活动。柿子树给小朋友一个观察与发现、付出与收获的自由空间，激发了幼儿对大自然的兴趣，更重要的是培养幼儿的观察力和动手能力。同时，也让我深深体会到与生活紧密结合的活动才是最有效的教育。

课程启示

生活中孩子们难免会遭遇一些"小意外"，如被小蜜蜂蜇到，也会遇到一些不期而遇的"小美好"，如柿子树。教师适时抓住契机，努力挖掘富有特色的班本主题活动并将其潜在的价值进行整合。让孩子们在活动中能获得真实的体验和感受，锻炼幼儿各方面的能力发展。正如《指导要点》中提出，较强的生活自理能力有助于幼儿做好入

学后学习和生活的自我管理和服务，增强独立性和自信心。挖掘生活教育细节，释放幼儿天性，保证幼儿在教育活动中的主体地位，满足幼儿个性发展需要，促进幼儿全面发展。

萝卜时代

自从班级饲养了一只可爱的小兔,每天都需要准备大量的萝卜和青菜,于是萝卜就进入了孩子们的视线。新学期在自然角种点什么呢?不如我们种萝卜吧!C说:"那种什么萝卜呢?"Y说:"有好多萝卜呢!"Z说:"对呀,对呀!白萝卜,红萝卜……"老师说:"哇,有这么多的萝卜,你们都认识,那我们来把它画下来吧!有一种萝卜我们见得比较少,是什么呢?那就是杨花萝卜哦!"Z说:"杨花萝卜是什么样的呢?"C说:"是不是红色的?"X说:"老师,你可以告诉我们吗?"

小朋友们的疑惑:我们没有杨花萝卜的种子,直接买来的杨花萝卜,能种活吗?种在土里还是种在水里呢?

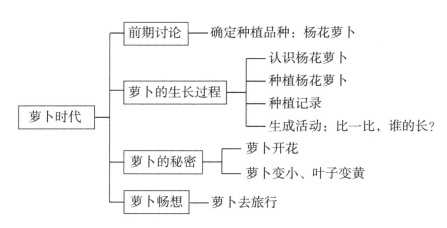

一、萝卜的生长过程

1.认识杨花萝卜

Y说："杨花萝卜看起来小小的，有点像我们吃的樱桃。"M说："萝卜外面是红色的，形状是圆圆的。"

老师说："杨花萝卜是一种小型萝卜，因为它的外表与樱桃十分相似，所以又叫樱桃萝卜。"

2.种植杨花萝卜

在瓶子里装满水，再把杨花萝卜放进去，"水培萝卜"完成。萝卜们排排队，一个接一个摆放整齐，让我们静静地等待。经常给我的萝卜换换水，让它多晒晒太阳。老师："萝卜会一天天地长大，那怎样才能记得更清楚呢？"Y："我们把它画下来！"

3.实验

结合幼儿带来的两种不同的杨花萝卜，我们进行了同步实验。

实验得出结论：原来无论杨花萝卜本身有没有叶子，都可以长出新的叶子！

4.新发现

X说："你看我的萝卜叶子比你的长！"R说："是我的萝卜叶子比你的长，不相信我们来比一比？"用哪些测量工具呢？孩子们想出了多种测量工具，最终选择了尺。J说："怎么你量的是7厘米，我量的是8厘米，到底谁的对？"小朋友们的疑惑：怎样才可以量得更准确呢？

老师教我们使用辅助材料，先把叶子和纸条的起点对齐再拉直，用笔在纸条上做记号，最后用尺量出从起点到标记位置的长度。你学会了吗？Y说："我的萝卜叶子太长了，一把尺都不够量了！"J说："我来帮你吧！把我的尺借给你，一起量！"

二、萝卜的秘密

Y说："我的萝卜开花了！"C说："为什么我的萝卜没有开花呢？"猜测：是不是没有阳光？是不是没有经常换水？验证后的新疑惑：一周后，有的萝卜开花了，有的还是没有开花，还有其他原因吗？

通过调查得到结果是杨花萝卜的中间长出一根高高的茎，就会开花了；磷元素缺乏也会导致萝卜只发芽不开花；没开花的萝卜可能因为发芽后气温骤变有关，没有昆虫帮忙传粉。

L说："我的萝卜怎么变小了？"X说："我的萝卜叶子都黄了，是不是要"死"了？"B说："要不我们把它放到土里吧，看能不能活过来！"把水培萝卜移植到土里。Y说："快看！我的萝卜开花了！"X说："萝卜开花了，好棒！萝卜又活了！"C说："萝卜的根吸收到土里的营养，才能活过来！"

三、萝卜畅想

Z说："你看，我的萝卜出去散步了！"Y说："我要去幼儿园的花园逛一逛！"幼儿用蜡笔描绘萝卜去旅行的场景。

萝卜宝宝们在旅行的路上结交了许多朋友，它们跨过山川，越过河流和高耸的埃菲尔铁塔合影留念，来到了大型游乐场，玩起了过山车、海盗船、滑滑梯，结束旅行后萝卜宝宝们回到学校，和同伴分享旅途中的趣闻。

课程启示

大自然的资源丰富多彩，是幼儿熟悉的、容易收集的，他们对这些东西感到好奇，而种植活动就是一个小小的索引。观察是孩子认识世界的基础，是孩子发散思维的触角，利用孩子感兴趣的萝卜开展种植活动，充分尊重孩子的选择，也更能激发孩子探究和求知的欲望。《指导要点》提到，参与劳动有助于培养幼儿良好的劳动习惯，提高幼儿的自理能力和动手能力，增强自信心，培养初步的责任感，坚持自己的事情自己做。在种植过程中，孩子们通过每天照顾植物，养成良好的生活习惯，边观察边思考，培养他们的责任感，提升他们持久的意志力。无论种植成功与否，都鼓励幼儿总结经验，勇敢地直面挫折，不轻言放弃，让孩子在接触自然、生活事物中积累有益的直接经验和感性认识。

我们发现，幼儿能观察得很仔细、用心，会自己动脑筋想，自主地进行讨论，得不到正确的答案的时候还会请老师帮忙，从中发现问题、提出想法、寻找解决的方法、得出结论。在实践中，教师要经常加入幼儿的探索过程，成为幼儿探索发现过程的目击者和共同参与者。因此，教师对幼儿要抱有具有弹性可变的期望，教师不是一个教

导者而是一个促进者。教师不要生硬地去抢孩子的"球"，只在幼儿把球抛向自己时，以适当的方式去接，并以适当的方式把"球"抛回给孩子，在"接"和"抛"的过程中不露痕迹地促进幼儿发展。

《指南》提出，支持和鼓励幼儿在探究的过程中积极动手动脑寻找答案或解决问题。当幼儿发现杨花萝卜开花和叶子变黄的时候，要鼓励幼儿大胆联想、猜测产生的原因，支持幼儿和家长一同亲子调查、收集证据，进行简单的推理和分析。同时，采用适宜的方法探究和解决问题，发现事物之间的关联，帮助幼儿不断积累经验，并运用到新的学习活动，形成受益终身的学习态度和能力。

当杨花萝卜和小手碰撞出了火花，幼儿也在用实际行动告诉我们，生活从来不缺少活力和激情。我们要像他们一样，拥有发现美好、创造美好的眼睛和心灵。幼儿借用绘画与想象，讨论与表达自己心中杨花萝卜的旅程。他们描述自己喜欢的杨花萝卜拟人造型和所谓的路程可能不存在，但是只要心里有它的样子就足够了。幼儿对事物的理解和感受不同于成人，他们对美的表现也不尽相同。幼儿独特的创作往往蕴含着丰富的想象和情感，成人应对他们的艺术表现给予充分的理解和尊重，不去评判，多鼓励他们，学会欣赏。

《指南》指出，幼儿科学学习的核心是激发探究兴趣，体验探究过程，发展初步的探究能力。幼儿在活动中经历"发现问题—提出猜测—操作验证—分析表达—再发现问题"的过程，以科学探究的思维方式促使幼儿持续、深入地学习。

幼儿获得的三个品质：有情感，主动学；有兴趣，不怕难；有思考，乐尝试。教师的指导策略：在活动前，以点带面，生成活动；在活动中，时刻关注，支持引导；在活动后，总结活动，提升经验。

对于幼儿来说，自然环境能更直接地为他们的自主探索提供支持。整整一学期，对杨花萝卜的照料已成为孩子们日常生活的一部分，在直接感知、亲身体验中，孩子们与杨花萝卜建立了深刻的情感联结。在他们眼中，杨花萝卜是鲜活的生命，是共同成长的伙伴。他们用这种发自内心的、最无瑕的纯真和善良，让我深深感受到人与植物之间的平等对话。

微生物

课程起源

2022年6月，一场大风过后，我班种植的小玉米倒了一大片，孩子们自发组织去帮助小玉米重新站起来。一阵忙碌过后，每个孩子的小手都脏兮兮的。R说："我们的手都是泥巴，要去洗洗手，不然细菌会跑到肚子里的。"Y说："但是妈妈跟我说洗过手还是会有细菌的。"S说："那就再加一点洗手液！"R说："我手上也是黑黑的。是不是细菌宝宝？"S说："什么是细菌呢？我没有见过细菌，爸爸说要用显微镜才能看到。"Y说："老师，我们怎样才能看到细菌呢？细菌是怎样的呢？"带着这些问题让我们一起开启微生物探险之旅吧！

主题脉络

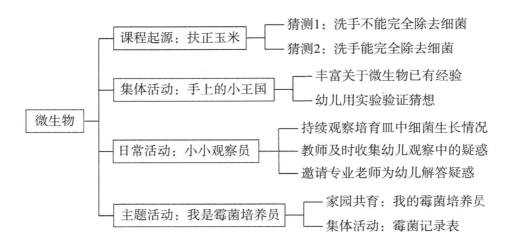

实施过程

对于细菌这一微生物，如何让幼儿能够真实看到、感受到呢？

一、细菌现形记

细菌是一种微生物，由于肉眼很难观察到，怎样才能让幼儿感受到细菌的存在呢？基于上述问题，我们组织了一次科学实验活动——"手上的小王国"，帮助孩子们积累更多有关"微生物"的经验。

实验中孩子们叽叽喳喳地讨论自己的发现，生怕错过了精彩的微生物世界。Q："手上有很多细菌耶！我在显微镜里看到啦！"Z："这个圆圆的是什么？"L："老师说这是培养皿，可以收集看不见的细菌，快把自己手上的小细菌采集下来吧！"H："这个真的可以让小细菌长好吗？"

不同状态下的小实验产生了，户外回来没有洗手的，清水冲洗的手，一一触碰细菌培养皿，看看光溜溜的器皿会发生什么样的变化呢？

二、细菌现行

对于这个神秘的小家伙，孩子们都很好奇，这个什么时候长出来呢？每天晨间入园孩子们都会去观察一下，比一比谁的细菌长得多，有的孩子还用记录表的形式记下来。经过一个星期的观察，小细菌们已经初露锋芒，一起来看一看吧！

经过一段时间，培养皿发生了变化，看看小朋友观察到了什么？L："为什么粉色的细菌后来变成橙色的了？"M："为什么说洗手后白色的小细菌多而黑色的小细菌少？"R："为什么洗过手的黑色细菌就变少，黄色细菌就变多了？"X："为什么洗手前只有白色细菌大，而其他颜色的小？"S："为什么细菌的颜色不一样？有的是粉色，有的是橙色、绿色？"H："为什么小细菌在我们手上看不见，但是放到培养基里面过一段时间就可以看到呢？"L："为什么一个小豆豆一样大的细菌会越长越大？"X："老师，细菌是有颜色的吗？"

为了满足孩子们的好奇心、解答他们心中的疑问，让孩子真实观察细菌的存在，带着孩子们的一连串的"为什么"，我们寻求专业的老师解答。老师给出的答案是洗过手后手上细菌会减少。但是，老师又告诉孩子们，"手上的霉菌是黑色的，但生活中我们见到的霉菌有着不同的颜色"。这一回答又引发了幼儿的思考和探究的兴趣。

为了避免幼儿固化对霉菌的认识，"我是霉菌培养员"的活动油然而生！"你见过什么颜色的霉菌？""你在哪里见到它的？""我在墙上发现过黑色的霉菌。""家里橘子烂了上面有灰色的霉菌。""我在被子上见到过黑色的霉菌。"基于幼儿的回答我们邀请家长参与活动，一起开展"我是霉菌培养员"的活动。

1.在家培育霉菌

孩子们有的选择牛奶，有的选择水果，有的选择糖果，在家人的陪伴下一起培育霉菌。

2.霉菌记录本

从小班到大班，孩子们已经养成了观察记录的好习惯，纷纷表示想制作一个观察记录本带回家。经过一段时间的观察，孩子们已经有了自己完整的霉菌观察记录本啦！

课程启示

手是孩子们经常使用的，是身体不可或缺的重要组成部分。从小班幼儿对小手作用的感知到中班幼儿对小手组成的探索，再到大班幼儿开始对洗手会将手上的细菌消灭充满疑惑，教师要鼓励幼儿在问题驱动下产生积极的学习探究行为。《指导要点》提出，保持良好的个人卫生，有自觉洗手的习惯。作为教师在幼儿的一日生活中应注重引导幼儿养成自觉洗手的习惯，培养良好的卫生习惯，从而保护自身不受手部细菌的影响。

在"培养霉菌"的活动中，孩子们坚持观察霉菌的变化，霉菌一旦培育成功就会生长迅速，但其到达一定的数量后又不会继续增长，这样的观察内容深深吸引着幼儿。家长提供物质条件供幼儿培育霉菌，教师提供平台鼓励幼儿及时记录自己的发现，并讲述霉菌培养故事。这样的活动加深了幼儿对微生物的了解，培养了幼儿对微生物探究的兴趣，知道微生物很小，肉眼不能看见，但却可以导致食物变质。这样循序渐进的探究活动让幼儿潜移默化地了解微生物，既培养了兴趣又养成了讲卫生的好习惯。

《指南》指出，忽视幼儿学习品质培养，单纯追求知识技能学习的做法是短视而有害的。在我们的课程中，每个游戏活动和教学活动都是基于幼儿的好奇心和兴趣点，幼儿在活动中表现出积极的态度。这种课程设计和实施方式可以激发幼儿的主动性，

提高他们的学习兴趣和能力，培养他们的创造力和问题解决能力，进而促进他们的学习和发展。同时，以幼儿的兴趣为导向的游戏课程也能够提高幼儿的学习品质，让他们在学习过程中充满乐趣和动力，培养他们的终身学习能力。

"玉" 见你烦恼

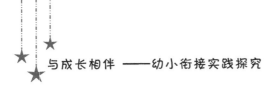

"今天好热啊！老师，今天我们去看看小玉米吧！"从植树节开始到学期末的最后一天，小朋友们最喜欢的事情就是照看小玉米。每天早晨的拍球活动结束，孩子们都会去看看小玉米。这一天小玉米好像不太一样！"小玉米的叶子怎么变黄了？""小玉米是不是生病了？"孩子们你一言我一语讨论了起来。于是，我们对玉米叶变黄原因的探究之旅就开始啦！

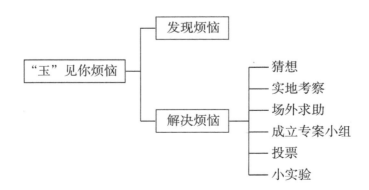

一、实地考察

C说："我发现玉米地有太多的杂草，他们会把土地的营养都吸光的。"Y说："我发现玉米地里的土块是白色的，我用手摸了一下，土块里一点水都没有。"R说："老师！这里有虫子！"

二、场外求助

昆虫、杂草、土地干裂是孩子们实地观察后发现的。那这些就是玉米叶变黄的原因吗？我们带着这个问题求助了有经验的家长。大家集思广益，发现玉米叶变黄的原因除了土地干燥、杂草丛生、昆虫肆虐之外，还有一个很重要的原因就是玉米地的肥力不够。原来玉米的生长需要一定的氮、磷、钾、硫、钙和镁，这些营养土地里是不多的，需要种植者通过施肥的方式补给玉米。由此，我们给小玉米准备了"玉米复合肥"。

三、成立专案小组

"小玉米叶子黄黄的一定很难受吧！我想帮帮它，你有什么好办法？""我们可以一起合作给玉米除草和捉虫！""对耶！还有别忘了施肥和浇水！"为了给自己打气，我们还自创了口号。

四、实施专案计划

分完小组后，大家就撸起袖子干起来了！

浇水组的小朋友学着大人的样子给大大的洒水壶接满水。大家齐心协力为小玉米浇了一壶又一壶水。"你们听玉米地里有咕噜咕噜的声音。""哈哈哈，这是小玉米在喝水吧！""快过来，我们一起给小玉米施肥！"嘹亮的声音穿越种植区。

施肥组也不甘示弱，小组长立即召集组员行动起来！先弄一杯肥料放桶里，再去给桶装满水搅拌！"这个水花好漂亮，像龙卷风一样。""组长，你再搅拌快一些，让龙卷风更猛烈些！"一边搅拌一边欢笑，笑声充满了整个种植区，充满欢笑的肥料一定更有营养！"这么多杂草怎么办？""我们可以把这些草喂给小兔子吃！""除草的时候要小心，不能伤到小玉米。""你往旁边站一点，不要压到小玉米。""可恶的虫子，让你吃我们的小玉米！让我来消灭你。""一起来抓！"

五、玉米叶子上的贪吃鬼

"这些虫子在玉米叶子上干什么呢？""在偷吃我们的玉米叶子？""我爷爷说，七星瓢虫吃蚜虫，他的食物不是玉米叶子。""看，那里有蜗牛！一定是它在偷吃。""不对，是蚂蚁！"

大家争论不休，最终决定先用投票的方式来收集答案——谁是玉米叶子上的贪吃鬼？结果选瓢虫17人、蜗牛5人、蚂蚁6人。

我们投票的结果就是正确的吗？有的孩子提出这样的问题。为了找寻真正的答案，我们一起做了小实验：谁是玉米叶子上的贪吃鬼。实验需要的材料有：三片新鲜的玉米叶子，三个透明的可密封塑料袋，三份观察记录表，蚜虫、七星瓢虫和蜗牛各一只。我们每隔一个小时观察记录一次。

最后发现，装有小蜗牛的袋子里玉米叶子是残缺的，于是我们得出实验结论：蜗牛是玉米叶子上的贪吃鬼。孩子们一个个气愤地说：这个讨厌的蜗牛，竟然偷吃玉米，老师我要把它们全部赶走。就这样我们的捉虫行动就开始啦！

新问题："七星瓢虫和蚂蚁不吃玉米叶子，它们在小玉米上做什么呢？"针对幼儿的这个问题，我们一起阅读了《好饿的蚂蚁》《好饿的蜗牛》和《瓢虫的一生》三本绘本。通过绘本我们知道了玉米上的瓢虫是帮助小玉米治病的，因为瓢虫和它的孩子会把玉米上的蚜虫吃光光，而蚂蚁是为了吸食玉米甜甜的花蜜而来的，小蜗牛则喜欢吃蔬菜，包括玉米叶子。

班本课程是一个连续的、不间断的活动。在这个过程中，孩子们和探索的小植物或者小动物一起成长，是一段投入精力和情感的课程体验。《指导要点》提出，学龄前的幼儿应对大自然和身边的事物有广泛的兴趣，努力寻找答案。本次活动孩子们通过帮助小玉米捉走害虫，也了解到了蜗牛、瓢虫和蚂蚁的饮食习惯，同时教师引导幼儿用小实验的方法验证出了哪种昆虫是玉米叶子上的贪吃鬼。这虽然不是一次绝对严谨

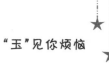

的科学实验，但其中蕴含着控制变量的思想。这样有趣且易操作的小实验在多次实践的条件下，幼儿就能潜移默化地知道"控制变量"的实验操作形式。这样的科学研究方法对于幼儿今后解决一些生活和学习上的困难是受益颇多的。

《指南》指出，学龄前幼儿亲近自然，喜欢探究，表现出好奇好问的特点。他们喜欢到户外游戏，到大自然中去，并且常常被周围的事物所吸引，驻足观看。幼儿真正的探究一般开始于对问题答案的追求，教师要在幼儿探究的过程中找到适宜的探究问题，推动幼儿探究进程的发展。

学龄前幼儿具有好探究的特点，他们在面对一个陌生且关切的内容时，伴随一起出现的就是许许多多的问题。教师首先要做的就是给幼儿一个宽松自由的环境让他们敢于大胆猜想，培养他们独立思考的能力。作为教师不要怕孩子犯错，要知道幼儿的成长很大一部分来自"试错"。所以，教师在幼儿探索的过程中需要放慢脚步，给他们"试错"的机会。《指南》指出，教师是幼儿科学探究路上的支持者、引导者、合作者。深入探究可以看出在课程探索的过程中教师是枝干，幼儿是叶子，叶子可以随意生长，但是不能离开枝干。玉米叶黄的原因，教师从一开始就知道，当发现幼儿观察探索后没有完整的找出玉米叶变黄的所有原因，教师用提问的形式去引导幼儿进一步思考解决问题的办法，最后通过开展"调查问卷"活动，丰富了幼儿对于"玉米叶变黄"原因的认知经验。

《指导要点》提出，学龄前幼儿要有一定的时间观念，成人应帮助其树立良好的时间观念。在教师的引导下，每次晨间活动后照看小玉米成为孩子们的常规性活动。在日复一日地坚持下，他们已经有了在晨间锻炼后自觉去照看小玉米，关注小玉米生长情况和需求的习惯。在同一时间去做应该做的事情是大二班孩子的时间观念，这也为他们做好幼小衔接的生活准备打下良好的基础。成人应引导幼儿承担一定的劳动任务，本次活动中孩子们自觉成立专案小组，形成专案计划，实施专案计划，还给自己的小组创编了口号。从这一系列的幼儿行为中可以看出孩子们热爱这次"拯救小玉米"的活动。热爱劳动的好品质也展现其中，这离不开孩子们每日晨间锻炼后的"观察玉米"、离不开孩子们"种植玉米"、离不开孩子们给"玉米移栽"等这些投入时间、精力和情感的活动。

孩子是自己的主人，每个孩子都独一无二的。《指导要点》指出，大班下学期应减少一日生活中的统一安排，幼儿自己做好个人生活管理。在实施专案计划的活动时间，孩子们自由选择自己想加入的小组，根据自己的想法对小玉米展开营救，教师没有过多指导，而是作为小组成员加入他们，让孩子成为活动的主人，组织安排活动内容。

留住一片绿

2019年3月，四川凉山的一场森林火灾致使林木大面积烧毁，引发了全国人民的关注，也牵动着中二班全体小朋友的心。因为自小班以来孩子们就围绕"大树"主题开展多项活动，爱护树木、维护绿色生态平衡的意识早已在孩子们的心中生根发芽。

火灾中空气浓烟滚滚，对生态环境造成的影响让小朋友们产生了一些想法。孩子们在惊叹消防员叔叔勇敢的同时，对共同生活在地球的生物安全和自我安危产生了担心。聚焦孩子的关注点，根据《指导要点》中生活准备发展目标提出的知道基本安全知识，增强幼儿自我保护意识和能力的要求。中二班开展了班本主题活动——"留住一片绿"，让人类恢复与自然共生的关系，照顾好唯一、仅有的地球家园，拥有一个美好、可持续发展的未来。

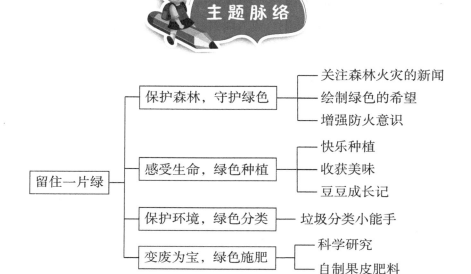

一、保护森林，守护绿色

"森林火灾"新闻事件引发孩子们的关注，他们将自己的想法与同伴交流，产生了自己的感受。Y："火灾把大树都烧毁了，烟把空气污染了，小动物的家园都没有了，地球也变得不好了。"G："火灾让森林里的小鸟都飞走了。"J："森林里好大的火，小动物们的家都没有了。"Y："大火烧了好多天，浓烟把天空变成了灰色，都看不见蓝天和太阳。"C："我们要保护家园、保护森林，还要保护小动物，这样地球才是一个美丽的地球。"S："我想小动物应该和我们一样想拥有一个绿色的地球，让我们给它们再建一个绿色的家吧！"

孩子们用自己的巧手绘出了一幅幅绿色的希望，保护地球、爱护森林、呵护树木，一张张画纸上呈现的是孩子们心中对绿色的美好向往与希望。

幼儿园必须把学会保护生命和创设健康生存环境的意识作为发展幼儿的首要目标。此次借助森林火灾事件让孩子们真正了解到森林是陆地生态系统的主体，又被称为"地球之肺"，保护森林是我们共同的责任。作为教师应遵循《指南》，尊重幼儿的创作意图，支持和引导开展有意义的主题教育。通过此次事件，也增强了幼儿的防火意识，结合幼儿园的安全演练学习逃生自救方法和报警求助等知识，完成了《指导要点》中所提出的幼儿在遇到危险时，学会提供必要的信息、选择有效的求助方法的发展准备。

二、感受生命，绿色种植

教育家陈鹤琴认为，大自然、大社会都是活教材，是孩子们最真实的、最丰富的、最具吸引力的学习环境。种植探索过程是幼儿亲近大自然的方式，也使幼儿关注、关爱生命的天性得以呈现。"你想种什么？""为什么？"问题抛出后，孩子们开始七嘴八舌，一片热闹起来，通过集体投票，大部分孩子选择了种植生活中常见的蔬菜：大蒜和蘑菇。

关于种植，孩子们有着无限的好奇心，总有问不完的为什么。原来将蒜瓣掰开插在泥土中，浇上水、多晒太阳，就能长出绿色的大蒜。收获后用自己种植的大蒜炒蛋炒饭，可真香呀！Q小朋友种植的是蘑菇，我们一起见证了蘑菇的生长，还品尝到了

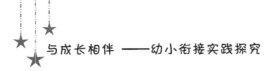

鲜美的蘑菇蛋汤。

一天下午午点是绿豆汤，X小朋友非常挑食，不喜欢吃任何豆类食物，在他的带动下，同组的孩子也纷纷开始抗拒绿豆汤。为了避免幼儿的挑食现象，我思考着怎样向孩子们介绍豆类食物丰富的营养价值。当我找来了一些图片在班级引起观察和讨论时，我发现孩子们对豆类的相关知识了解并不多。在这样的背景下，我通过家园配合填写"豆豆调查表"，让孩子们认识生活中常见的豆类和豆制品食物，如豆浆、豆腐、绿豆糕、红豆沙等。通过认识这些生活中常见的豆类，使幼儿理解大豆中含有丰富的营养成分，是身体所需要的重要营养物质。

一系列的调查和了解后，孩子们开始对豆豆产生了兴趣，集体活动中我进一步引发讨论：豆豆除了可以食用，如果放进水里会发生什么？小朋友们一下子热闹起来。Z："豆豆会沉下去。"F："豆豆在水里会变色，会融化吧。"Z："水里会长出好多小豆豆。"

这时我没有肯定也没有否定他们的回答，而是把探索的主动权交给孩子。为满足幼儿的好奇和探究欲望，我们做好准备，开始了水培种植探索：泡豆豆。孩子们先将收集来的黑豆、红豆、绿豆和黄豆分别放进各自的容器中并倒入水。接下来的日子，孩子们每天早晨一来园，都要先去植物角里给豆豆换水，观察豆豆有什么新变化，并记录下自己的新发现。

第二天，绿豆的变化最明显，表皮全部爆开，还冒出了尖尖的小芽；第三天，红豆也开始发芽了；又过了两天，黑豆和黄豆也渐渐有了变化：豆豆的表皮渐渐破裂，身体开始慢慢膨胀、变大；到第六天的时候，红豆和绿豆长势喜人。小朋友们都很激动，每天抢着换水、观察。细心的B还发现了绿豆的叶子是长长的，像小船，而红豆的叶子像一颗爱心。孩子们一边观察，一边用心记录着自己的新发现，感受到了豆豆顽强的生命力。一粒豆子也是一颗种子，只要有水，豆豆就可以生长、发芽，使满满的绿色呈现在我们眼前。

意外的是：黑豆和黄豆停止了生长，容器里的水变浑浊了，还散发出酸酸、臭臭的难闻气味。这是为什么呢？大家你一言我一语，猜测起来。Z："它们是被虫子咬了吗？都已经臭了。"S："黑豆和黄豆一定是死了、烂了，才会臭的。"M："是不是这两盆豆豆昨天忘记换水了？"

通过互联网查找资料，解答了孩子们心中的猜测和疑惑：因为豆豆的出芽离不开温度、水分和光照等多种因素，包括豆豆存放的时间，都会影响到其生长。

那我们要怎样处理已经变质和开始腐烂的水和豆豆呢？我再次将问题抛给孩子，大家都认为将这些都倒进垃圾桶里就可以了。只有Z小朋友一脸认真地告诉我们，用

这些臭臭的水来浇花，植物能长得更高。听完他的话，小朋友们都不可思议地睁大了眼睛。

《指南》强调，通过提问等方式引导幼儿思考并对事物进行比较观察和连续观察。观察力是智力发展的条件之一，因此我们要注意引导幼儿多观察，培养幼儿的观察能力。为幼儿创设机会，寻找"生活"中的兴趣，我们的水培种植就是遵循了孩子的发展天性。《指导要点》指出，在生活准备中引导幼儿承担适当的劳动任务。小朋友们每天坚持给豆豆换水、清理容器，用自己的劳动和双手守护豆豆的生长。

三、保护环境，绿色分类

将变质和开始腐烂的水和豆豆倒进垃圾桶，倒进哪个垃圾桶呢？根据前期垃圾分类活动的开展，孩子们又产生新的活动——绿色分类。

为什么要将垃圾进行分类？生活中的垃圾到底应该怎么分呢？围绕孩子们对于垃圾分类相关问题产生的困惑，我们开展了集体活动"认识垃圾分类标志"。同时，拓展了游戏"环保小分队"，延伸到家园配合，进行垃圾的分类投放。

通过一系列活动的开展，孩子们了解到垃圾为什么要进行分类，认识了四种不同的垃圾分类标志。在认知、探索和操作中，孩子们懂得了生活中常见的垃圾应该如何正确投放。陶行知先生指出，生活教育是用生活来教育。生活不仅是幼儿成长和发展的天然土壤，是幼儿园教育的出发点和归宿，也是达到《指导要点》提出的提高幼儿的自理能力和动手能力，增强自信心，培养初步责任感的生活准备发展目标。

四、变废为宝，绿色施肥

一天午后的水果时间，孩子们像往常一样将吃完的香蕉皮集中放置在桌面的收纳盘上。C小朋友赶紧用双手捂住鼻子，皱着眉头说："香蕉皮好臭！"只见S小朋友一脸认真地告诉桐桐："我闻过更臭的香蕉皮，装在一个大瓶子里，里面还有水，可以浇菜地，我奶奶就是这样弄的。"听完他的话，小朋友们不可思议地睁大了眼睛。Y小朋友的话瞬间吸引了大家的兴趣。Y："香蕉皮是厨余垃圾，怎么浇菜地呀？"Z："香蕉皮会流水吗？"

聆听了孩子的对话，我也在思考，如何根据孩子们感兴趣的话题，利用身边的资源，生成贴近幼儿真实需要的整合式学习？中班幼儿正是经验提升迅速期，尤其对周围环境和身边的事物，充满了好奇心。接下来，我们和孩子将共同聚焦"果皮泡水—自制有机肥料"这一科学现象，开启一段有趣的探究和学习之旅。

由于孩子们缺乏相关经验，活动前我们发起了家园互动，"有机肥"到底是什么

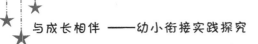

呢？和孩子们一起了解"有机肥"的小知识，我们一起来看看吧。

怎样利用果皮自制有机肥料呢？需要哪些材料和工具？做好充分的准备，我们一起来"自制果皮肥料"，瓶口有点小，我们需要将果皮都切碎了再放入瓶中，还要倒入水，再盖上盖子密封保存。有经验的Z小朋友奶奶温馨提示我们，可以将瓶子放在阳光下，这样发酵得会更快。

第二天，瓶子里的水开始变得浑浊，当我们晃动瓶子时，里面竟然开始冒泡泡，打开瓶口时就像打开了汽水一样，发出了"哧"的一声。我们可以清楚地看见最上面一层果皮已经开始发黑，不过闻起来有酸酸甜甜的果香味！第三天，瓶里的水变成了米汤一样的颜色，果皮渐渐变黄发黑，打开瓶盖时可以清楚地看见有小气泡从瓶底钻上来，闻起来酸味更重了。第四天，果皮全部都沉到了瓶底，小气泡也不见了，水的颜色更浑浊了，水面上还出现了好多黑色的小点点。第六天，果皮的变化不明显，只有水的颜色变深变暗了，水面漂浮着一层像油一样的白色杂质，闻起来有刺鼻的酸味，还有点像酒精的味道。第九天，果皮和水的颜色越来越深。孩子们用心记录下自己每天的观察和收获。

经过十七天的实验和制作，有机肥料终于完成了。其实有机肥料也叫"农家肥料"，用水果皮来进行制作，变废为宝，可以给地里的蔬菜宝宝们提供营养，帮助蔬菜宝宝们长得更好。我们一起将自制的有机肥浇灌到幼儿园里的种植区里，期待它能发挥神奇的作用吧！

为什么果皮能制作出神奇的"肥料"呢？借助家园合作一起查阅资料后，了解到原来这种方法叫：湿法发酵。湿法发酵是将果皮垃圾混合后进行压缩、加水，放到容器中进行发酵，通常需要15～20天完成（根据不同季节、不同温度而定）。果皮垃圾发酵成肥料覆盖在土上，不仅含有植物必需的常量元素、微量元素，还含有丰富的有机养分，是一种非常全面又环保的肥料。

其实不单是果皮哦，还有厨余垃圾中的食物残渣、菜叶、瓜皮、蛋壳、树叶等都可以用来发酵。别小瞧它们，可都是制作有机肥料的首选材料呢！

当孩子们得知树叶也可以发酵制作肥料时，善于思考的Z小朋友又产生了新的奇思妙想：被大火焚烧的森林里，残留下的木料、落叶可不可以再次循环利用变成肥料滋养土地，让灾后的森林重新恢复生命呢？孩子的想象力和纯真善良的童心再一次震撼了我。

"自制果皮有机肥料"对于师生都是第一次，因为兴趣引发了幼儿自主探究的欲望。活动过程中我们借助家长的力量，从书本、互联网资料中学习，通过讨论来明确具体的步骤。幼儿和家长还从家庭中收集可循环利用的厨余垃圾进行制作，最后用图

文的形式向同伴分享自己的收获。将环保教育渗透到幼儿园活动和劳动课程中，不仅让孩子们理解了生态循环，以及能量的转换，更为幼儿提供了劳动技能的学习机会。

课程启示

　　教师要善于发现和保护幼儿的好奇心，充分利用自然和实际生活机会，挖掘内在的教育价值。教师要关注儿童兴趣点，引导实施主题课程，让活动始终伴随幼儿兴趣、激发探究愿景、体验探究过程、发展初步探究能力。让我们爱护环境、守护绿色、守护地球，与自然万物共存！

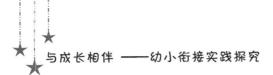

一个由蛋开启的课程之旅

课程起源

　　幼儿园的"小养鸡场"是幼儿散步中停留最多的地方，公鸡打鸣、母鸡扑腾、小鸡啄食的每个小举动都会引起幼儿无限的想象和说不完的议论。鸡窝里出现的蛋，让幼儿惊喜，而后面的每一天，我们都可以收到一枚或者两枚鸡蛋，一筐子的鸡蛋让幼儿好奇鸡妈妈肚子的同时，也引发了幼儿的争论。T："鸡蛋是不是母鸡的宝宝呀？"F："不对，母鸡的宝宝应该是小鸡。"T："可是，鸡妈妈也没有生小鸡呀，它每天都在下蛋，鸡蛋才是鸡妈妈的宝宝。"

　　《指导要点》提到，参与劳动有助于提高幼儿的自理能力和动手能力，培养初步的责任意识，成人需要鼓励幼儿参与力所能及的劳动。小班下学期的幼儿已经有了自我意识的独立性需求，对自己能力的认知也产生了自信，渴望对事物有更深入的了解。另外，《指南》指出，成人要善于发现和保护幼儿的好奇心，充分利用自然和实际生活机会，学习发现问题、解决问题。因此，本活动借助幼儿对"养鸡场"的兴趣，通过孵化、饲养小鸡，培养幼儿的服务意识，锻炼自理能力和动手能力，同时见证生命的成长，感受生命的规律，产生对生命的敬畏。

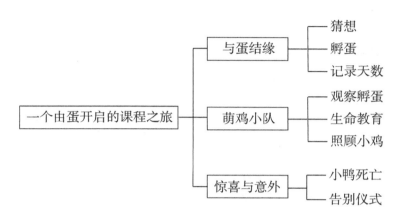

与蛋结缘 — 猜想 / 孵蛋 / 记录天数

一个由蛋开启的课程之旅 — 萌鸡小队 — 观察孵蛋 / 生命教育 / 照顾小鸡

惊喜与意外 — 小鸭死亡 / 告别仪式

一、与蛋结缘

H："老师，快来看，这有好多蛋呀？"Y："这是鸭蛋，我见过！"F："这是恐龙蛋，这么大！"Z："这里面会不会有小恐龙？"不同蛋的出现，让幼儿产生了好奇，课程在幼儿的好奇中自然形成。"恐龙蛋"问题的争论出现，让幼儿产生了想解开秘密的欲望。幼儿的争辩是认知经验输出的表现，会争辩的孩子勇于表达自己的观点和感受。在争辩中孩子感受到自己的想法被重视、被关注，会变得自信、开朗。"蛋"就这样与我们结缘，根据孩子的猜测，我们举行了一次投票。

绿色真的是恐龙蛋吗？人多就是对的吗？于是，我们决定用孵蛋来解开这个谜团。幼儿可能还没有见过孵蛋器，但他们明白试一试总是不会错的。在教师对孵蛋器的解说帮助下，幼儿将蛋放进了孵化箱。"孵化箱好热呀"，让幼儿对蛋里的小生物充满期待。漫长的等待中。H："1 天、2 天、3 天，老师今天是第 10 天了吧，小鸡快出来了吧"C："今天才第 5 天哎！"H："骗人，我觉得已经过了好多天了！"

从孩子的疑问中，我发现孩子对天数是完全模糊的。心理学研究表明，人们对于图画的接受要早于文字，尤其对于幼儿来说，他们主要是以具体形象的思维为主。当幼儿对于天数不明确时，我抓住时机，进行了一次记天数的讨论，孩子们学会了使用符号记录，懂得了"一个符号代表一天"，对天数有了初步认知，最后他们发现用简单的符号记录最方便。

二、萌鸡小队

C和H每天坚持来看一看，并画着圆圈做记号。"1、2、3、4、5……21"C终于憋不住了，只见他踮起脚尖，对着蛋问道："不是说好21天会变成小鸡吗？你们不会是假蛋吧！"假蛋？——怀疑的教育契机。

C的这么一问，我也开始担心在孵蛋环节会出现什么问题，于是翻阅资料，发现鸡宝宝破壳的时间会受温度影响，推迟一两天是正常现象。但我该怎么和幼儿解释呢？这时如果让妈妈和孩子聊一聊，是不是一个好的契机？于是，我决定把这个话题抛给幼儿，抛给她们的妈妈。我把绘本故事《妈妈肚子里有座房子》推荐给他们，借孵化小鸡，感受妈妈孕育孩子是个漫长的过程，小宝宝也会推迟出生哦。

"老师，蛋破了！"C的大发现，引来了其他幼儿的围观。"鸡蛋怎么破了呀？是C捏的吧""那是嘴巴，在动呢！""嘘，我好像听到叫声了。"今天的孵蛋器边热闹极了，孩子们兴奋地期待蛋壳里的小生命。X："黑乎乎的是什么？"Y："黑乎乎的有点吓人"F："它好像很想出来，它好像很累。"X："这到底是什么？"C："身上为什么是湿的？"

我们通过蛋壳小实验和谈话活动，去解开孩子们的疑问。什么是生命教育？生命教育就是直面生命，让幼儿学会尊重生命、理解生命的意义，学会积极的生存、健康的生活和独立的发展。小鸡临近出生时，会通过破壳锻炼自己的生存能力，诠释了生命的力量。我利用幼儿亲眼所见，抓住生命教育的有利时机。我告诉幼儿："小鸡啄壳可以得到锻炼，只有自己不停地啄壳，不停地努力，最终才会破壳而出，就像我们学本领一样要不停地努力，不怕困难，坚持才能获得成功。"这就是生命的意义，是我们要教会幼儿的，也许孩子们还不太明白，但亲身经历一定比说教更富有感染力。

接下来的日子，1、2、3、4、5、6……萌鸡小队出发啦！孩子们见证了小鸡的出生，陪伴着小鸡的成长，每天打扫鸡舍、喂小鸡食物、记录小鸡成长，成为生活的一部分。在照顾小鸡中培养服务意识、锻炼劳动技能、提高动手能力，养成良好的劳动习惯，为进入小学打下良好的生活准备基础。同时，生命有诞生就会有死亡，随着绿色蛋的揭秘，再次给孩子们上了一节生动的生命教育课程。

三、惊喜与意外

W："老师，小鸡变成小鸭啦！""小鸡怎么会变成小鸭？""难道小鸡会魔法？""肯定是老师换的！""原来那个绿绿得很大的蛋是只鸭蛋呀！"X："小鸭好像不动了。"F："睡着了吧！"R："它好像生病了，一动也不动。"H："给他吃点药。"L："打打笼子，还是不动。"C："到底怎么了呀？"Z："他死了吧？"Y："小鸭喜欢在水里，你看它身体都干了。"R："我们给它浇点水，它会不会活过来呀！"

我借助绘本故事和告别仪式，转移幼儿的悲伤。我选择用故事绘本《我们永远爱你》，通过小狗"阿雅"离开的故事，让幼儿自己去感受死亡，并告诉他们这是一种正常现象。一只小鸭的死亡，在成人的世界里也许不算什么，可是幼儿很单纯，他们需要尊重每一个弱小的生命，哪怕只是一只小鸭。于是，我决定让幼儿用自己的方式给小鸭告别。我们找来工具，包起小鸭，将它埋在柿子树下。

3～5岁幼儿对死亡的认知很少，不了解死亡是普遍的、不可逆的，在他们看来，死亡可能是短暂的或者可以复活的，甚至有的幼儿会认为只要自己更乖一点，死去的"生命"就会回来。自古中国人都是非常忌讳谈论死亡，无论老师还是家长，在幼儿问及死亡问题的时候都是搪塞、糊弄，然而回避只能压抑幼儿自然的生命体验和感受，使各种体验和感受难以寻找到疏通的途径。

生活可能会充满惊喜，也可能会让你伤心，只要你抱有希望，就会有新的收获。生活中，一些微不足道的生命与我们相遇，这些小生命在幼儿的心中地位如何，取决于成人对待它们的态度。在幼儿见证小鸡破壳的瞬间，孩子们欢呼、兴奋，被小鸡萌样融化。当遇到小鸭的死亡，我和幼儿共同焦急、共同伤心、共同商量如何处理、共同学习如何关爱小动物。这种"共同"正是教师与幼儿情感的共鸣，是一种爱的同理心。我把正面的关爱、同情小动物的情感潜移默化地传递给了幼儿，带给幼儿热爱生命的启蒙。

好玩的小汽车

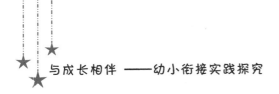

区域活动中，W从口袋掏出一个玩具小车，许多小朋友围过来欣赏。M说："我有鲨鱼变形车。"X说："我有警车、消防车。"H说："我有大卡车哦。"隔了几天，其他小朋友也将自己的车带来与大家分享。小朋友们带的车，有不同的造型、独特的声音、新奇的功能、转个不停的车轮，孩子们围在一起，非常着迷。大家你一言我一语，互相交换，介绍、摆弄、叠高、打开车门、关上车门、变形。跟随幼儿的探究脚步，孩子们与"小汽车"的故事就此展开了。

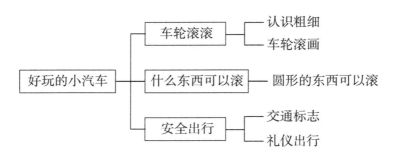

实施过程

一、车轮滚滚

户外活动时，小朋友们围在一起，惊喜地发现新大陆。X说："我发现了一个粗粗的轮胎。"B说："看！我这里有个细细的轮子。"H说："我的轮子吃饱了，肚子好粗呀。"Z说："有什么了不起的，我的小轮胎好推呀，更重要的是，它有花纹呢，看着像波浪一样的花纹。"M说："我也有，我也有，像元宵一样。一个一个的，好漂亮啊。"异想天开的X说："图案有什么了不起的。我妈妈带我用小推轮粘上漂亮的颜色，在纸上跑来跑去，就有好看的漂亮的图案，你们玩过吗？"其他小朋友瞪大眼睛，看着他比划，仿佛也想试试。

在第二天的区域活动中，我在美工角里投放了X说的滚画材料。不久，Y和她的小伙伴走来，挑选了美工滚轮，用小手来回搓动。我告诉她们，要这样玩哦。于是，小朋友们开始滚起来，玩了一会儿，X看看我，再看看小汽车，试探性地拿起一辆小车，在车轮上粘了一些颜料创作起来，其他孩子觉得太好玩了，也纷纷加入五彩道路的创作中。

二、什么东西可以滚呢?

建构游戏中，几个小朋友在地上开起了小汽车。Y说："我的汽车开得快吧！"D说："我只要在地上多蹭几下，比你的还快呢。"M急忙说："我刚才是因为撞到东西了，要不然也快。"C说："能不能把你们的小车给我玩一会？"T说："不行，我还没有玩好呢。我先拿到的，你只能等一会，我们才能给你玩。"

C在建构角的一边，无精打采地摆弄着一个铁制牛奶瓶。瓶子不小心倒下后，滚了很长的距离。他跑过去捡起来，又滚了几次，就这样玩了几分钟。旁边的孩子说，好像你的瓶子比我们的小汽车滚得还快呢。C听了得意地说："我这也是小汽车。"X和其他小伙伴看见了对我说，"老师，我也想玩。""那你去找一找，看一看，哪些东西可以滚呢？"幼儿行动起来，纷纷加入其中，有的用纸芯卷滚，有的用矿泉水瓶子滚，有的用薯片桶滚，满满一地，都是他们快乐的玩具。在活动的最后，我提出了一个问题："你们知道什么东西可以滚吗？"X和其他小朋友说："只要是和小汽车的轮胎一样，圆圆的东西就可以滚起来。""那请你们继续找一找，身边可以滚动的东西吧。"大家搜集了很多物品。

在活动中，幼儿自己证实了他们的想法——圆圆的东西是可以滚动的。

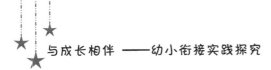

三、安全出行

周一晨间活动时，X兴奋地走来说："周末的时候，我去方特玩了，在爸爸停车的停车场，我看见了好多车子，还有一个大牌子。"E问："什么牌子呀？"Y说："蓝色的，还有白色的线条。"W说："那个我也见过，我还见过黄色和红色的大牌子，比你看到的多。"K说："妈妈教过我，那是拐弯的意思。"G说："不是的，不是的，我爸爸说了，那是停车吃饭了。"孩子们一起走过来问："老师，你说说，马路上的大牌子是做什么的呢？""路上会有很多不同的大牌子，那是标志，标志是用来做什么的呢？你们能找一找吗？"

周末，在父母的陪同下，孩子们去了游乐场附近的停车场。经过几周的寻找、搜集资料、分类、讨论、认知，孩子们认识了很多标志，并明白了标志的意义，还学会了绿色出行与礼仪出行。分享时，E说："文明出行时，我们要走斑马线。"J说："不乱丢垃圾、按规定行驶。"M说："遇到红灯，要等一等再过。"W说："坐车时，要系好安全带才行。"孩子们在已有的经验基础上，对文明出行进行了分类。

《指南》建议，创造机会和条件，支持幼儿自发的艺术表现和创造，尊重幼儿自发的表现和创造，并给予适当的指导。根据幼儿的兴趣，我在美工区域投放了孩子们感兴趣的滚轮，他们发现后既兴奋也茫然，这时给予幼儿自主的想象空间，不宜打断他们对工具使用的独特想法，也是给予幼儿交流、合作的空间。幼儿自发组织活动，游戏中他们也进一步感知了花纹的不同，从而认识了不同的线条和汽车的构造，还学会了出行时如何正确地保护自己。以"车"为引子，孩子们可以从中了解环保的出行方式，与人们的生活息息相关的有意义的活动，社会中人们的行为规范、生命安全的重要性。他们从中习得同理心、同情心、学会了帮助别人、关心弱小，完善自我的社会情感，提高了生命的高度，形成了正确的生命观。

幼儿教育应从幼儿熟悉的生活入手，从身边常见的事物和现象出发，引导幼儿发现问题、分析问题、解决问题。因此，在幼儿生命科学教育活动中，加强生命科学与生活的联系，充分利用环境促进幼儿生命教育的全面开展很有必要。

通过认识各种交通标志，引导幼儿重视安全，加强出行文明规范的培养，开展爱护环境的行动，为生命教育奠定一定的基础。

社会准备

和小鸡的美好时光

从动物园到幼儿园，孩子们认识了各种各样的家禽和猛兽。本学期，孩子们一致同意认养幼儿园的鸡，"让我们一起与它们做朋友吧！"他们异口同声地说。

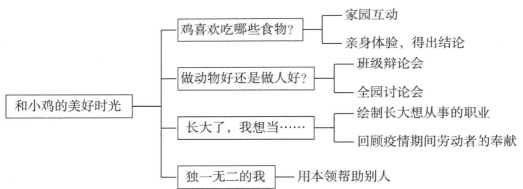

实施过程

一、鸡喜欢吃哪些食物?

"鸡吃哪些食物?"动物世界的奇妙给孩子们带来无限的遐想和启发。孩子们在家园互动感知不同粮食的形态中,知道了原来大米、小米、稻谷、五谷杂粮、玉米粒等都是鸡吃的食物。

"鸡喜欢吃什么?"我们带领孩子端着粮食,将它们一一放在地上,静静地看看鸡喜欢吃什么。在给鸡喂食的活动中,孩子们得出的结论是鸡喜欢吃五谷杂粮。

在与"鸡喜欢吃什么?"的讨论活动中,教师营造氛围,创造条件和机会,帮助他们在参与活动的同时体验成就感、荣誉感。

二、做动物好还是做人好?

孩子们正熙熙攘攘地围在一起热闹地讨论着,一个孩子不经意地说:"哎,做动物真好,想吃就吃,想玩就玩,想睡就睡,真快活。"有孩子听见后大声说:"做动物才不好呢,天天都在围栏里,不能自由自在地出去玩。"于是,这个话题有更多的小朋友参与了进来,变成了热火朝天的讨论。

我们将话题带到班级各抒己见。因为临近寒假,我们将这个话题留在了第二学期讨论,孩子们决定开展一场"做人好还是做动物好"的辩论会,但是双方各执己见,相持不下。我们又决定把这个问题带到全园讨论。小班小朋友说:"做动物好,因为动物很可爱!"中班小朋友说:"做人好,做人可以到游乐场去玩!"看来,小弟弟和小妹妹们的想法和我们一样啊!孩子们走入了死胡同,难道做人真的没有做动物舒服?做动物就没有人类聪明吗?这时,老师介入话题,如导盲犬可以帮助主人引路,大象可以帮助人们搬运木头,与孩子们一起查找资料寻找动物的本领。

《指导要点》指出,扩展幼儿的交往范围,鼓励幼儿和不同年龄的伙伴、成人交往,认识新伙伴。教师通过组织跨班级、跨年龄的讨论活动,创设自由交往的机会,丰富交往经验,同时教师及时介入,讨论动物的本领,增强喜爱小动物的情感。

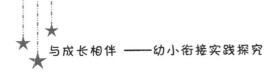
三、长大了，我想当……

动物有自己的快乐，有自己独特的本领；做人有做人的快乐，可以发明创造，有自己的本领。所以，我们开展了"长大了，我想当……"的绘画活动，有的想当警察，有的想当医生，有的想当宇航员。我们每一个人、每一个动物都是一个生命，做自己是最快乐的！

这时我看到了孩子们心中的"远大理想"，其实我更想让孩子们做一个有敬畏、有感恩、有温暖、有力量的人，用自己的本领帮助别人。于是，我把疫情期间与孩子们一起进行的活动和讨论过的话题"中二班宝贝们宅在家的那些事儿"重新回顾。我们被困在家里，更加明白了动物是我们的朋友，生命是平等的，健康最重要，亲情的温暖，生命的力量。看到疫情中放下年夜饭饭碗赶来建设火神山医院的建筑工人，坚守岗位整理并消毒的快递哥，累了和衣而睡、席地而睡的医务工作者，加班赶制口罩的员工，寒风中路口值班的社区工作人员，85岁再度披挂出征的钟南山院士爷爷，大家都在各自的岗位上为抗击疫情倾力奉献。

在活动中，教师和幼儿共同策划，开展主题谈话的活动，帮助他们在参与活动的同时，体验到每一个生命都是珍贵的。

四、独一无二的我

回顾这些之后，我们又开展了一次讨论绘画活动。孩子们眼中的收银员阿姨、幼儿园的保安叔叔、书店的理货员阿姨，他们用自己的本领帮助别人。这时，孩子们的内心一定更加坚定：每个人都是独一无二的，每个人都有自己的本领，用自己的本领帮助别人，就是最好的理想！

大班孩子已经扩展到对身边的事物感兴趣，并形成规则意识。教师所要做的就是支持他们习得方法、学会社交，尝试自己解决矛盾和冲突，并会初步总结学习的过程和结果。《指导要点》指出，良好的交往和合作能力有利于幼儿入学后结交新朋友、认识新老师，逐步适应小学新的人际关系。把入学准备教育目标和内容要求融入幼儿园游戏活动和一日生活，支持幼儿通过直接感知、实际操作和亲身体验等方式积累经验，

逐步做好各方面的准备。

  让幼儿在直接感知、实际操作、亲身体验中感受快乐，乐享生活的旅程。我想这样的班本活动才最有价值。一点点地追随幼儿的脚步，由"兴趣、问题"到"经验、表征"，这是在自然中产生的最真实、最美好的课程故事！

我们的城市

班级材料区里的石头是孩子们最爱的玩具。R："老师，这些石头是用来干什么的？"X："石头不是可以造房子吗？"F："对，我们的城市里的房子就是石头造出来的吧？"我们的城市半城山半城水，它有一个好听的名字——芜湖。Y："我们也可以用石头搭建房子！然后建造自己的城市。"

《指导要点》提出，以生动有趣的形式开展爱家乡、爱祖国的教育，分享自己家乡的风景名胜、风物人情、特色美食等，对自己所在的城市产生深深的情感，进而产生对家乡、对祖国的热爱之情。看着孩子们搭建的兴趣，和对城市产生出若隐若现的好奇心、探索欲，我们的课程故事缓缓地拉开帷幕。

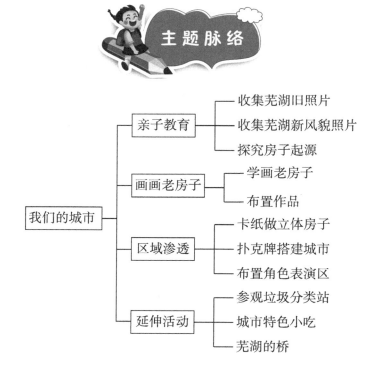

一、亲子教育

孩子们需要了解自己的城市，通过与父母收集芜湖古城旧貌的资料，使其进一步认识芜湖的历史。"原来以前芜湖就是这样呀！这个就是长江啊！""我怎么感觉没有现在的好看呀！""这个地方现在在哪里？我想去看看。"

孩子们把收集到的旧城风貌照片进行了环创布置。集体布置活动是通过师幼之间、幼幼之间交往合作完成的。照片采用电影胶片的形式表现出来，孩子们每天都可以欣赏含有历史韵味的旧城风貌照片，猜测着旧址是现在的什么地方。

第二次收集的是芜湖新风貌，也是孩子们比较熟悉的地标建筑和场景。幼儿针对自己所熟悉的环境产生了兴趣。H："我去过这个地方！"Z："我奶奶家就住在这里，我还在这里散步的。"Y："我们的城市变得好漂亮呀！"

家园共育进行了亲子探究房子的起源。"古代人住什么样子的房子，现在房子还在不在？""未来的房子是什么样子的？"孩子们和爸爸妈妈一起做了详细的记录。孩子们发现，原来原始人都住在洞穴、草棚里。

二、画画老房子

看到了过去与现在城市景象的对比，孩子们跃跃欲试，开始想画画老房子。老房子有一定的特征，孩子们进行了讨论："房子都只有一层，不高。""而且房子的顶上有一片片的砖（瓦），现在的高楼顶都没有。""现在的楼都很高，而且有各种形状！"

旧时的房子顶上有一片片的瓦，青灰色，墙面也是白色，颜色单一，孩子们能够将特征描绘出来，最后将作品在活动室布置完成。幼儿成了班级环创的小主人，他们之间的交往能力得到进一步提高，而且具备一定的任务意识，能自觉、独立完成老师安排的任务。

三、区域渗透

在美工区，孩子们用卡纸做房子，卷一卷，叠一叠，粘一粘，房子就能够稳稳地站在桌面上了。在操作区，我们利用扑克牌搭建立体的房子，城市的雏形渐渐浮现。

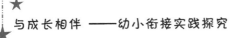

在角色表演区，我们设置了老城市旧时光影像记录馆，用孩子们画的旧照片作为背景，演绎着旧时光的纯真快乐。

四、延伸活动

1.社会实践

城市需要干净卫生，结合垃圾分类活动，我们围绕着房子及城市这个大主题开展了社会实践活动。小朋友们参观垃圾分类站，学到了关于分类与循环再利用的知识。回到班级，孩子们自己画出各种类型的垃圾，然后进行分类游戏。

2.特色小吃

"我最喜欢吃小笼汤包。""我喜欢吃赤豆酒酿，冰冰的，甜甜的。"

我们的城市还有个最吸引人的东西——美食，孩子们通过与爸爸妈妈的亲身体验，感受到家乡特色小吃，萌发了爱家乡的情感。

3.芜湖的桥

Z："芜湖有这么多的桥啊，我怎么没有发现？"H："长江大桥是不是有好几个？"Z："我去过长江大桥，还有二桥、三桥！"Y："我们的城市真是太漂亮啦！"芜湖是个半城山半城水的城市，江河湖泊众多，过江离不开桥，周末孩子们在父母的陪同下，认识了芜湖的桥，感受到芜湖这座城市的伟大、繁华、便捷。

课程启示

在"我们的城市"中，多次运用到亲子资源，是因为家庭是幼儿最早接触的社会群体。父母对幼儿无微不至的照顾会使他们对家庭产生一种归属感，而幼儿对社会（家乡、祖国）的最初看法和感受主要来自父母和其他亲近的成人。如果成人能够用积极的态度看待社会，为自己是其中一员感到满意，那么幼儿就会形成同样的态度并由此产生对家乡和祖国的归属感。

对幼儿来说，与周围社会环境建立和谐关系，即适应社会是社会学习的重要内容之一。而喜欢并适应群体生活，遵守基本的行为规范，具有初步的归属感是社会适应的基本内涵。

《指导要点》提出，营造温暖的集体氛围，支持幼儿为班级的集体活动制订计划、做准备并积极参与。在社会适应过程中形成归属感是儿童的精神需要，幼儿的归属感

往往来自他们对群体生活的直接感受和体验。

　　我们通过认识自己的城市，感知、发现城市之美，激发孩子爱家乡的情感，进而培养孩子爱祖国的感情，无疑是对孩子社会性发展最好的路径，也是幼小衔接社会准备中的重要一环。

一路相伴

一天整理办公桌抽屉的时候，我发现了一张X小朋友的照片，那是小班时候用于环境创设的，我提醒X放学的时候把它带回家。这时其他小朋友们都围过来想要看看是什么样的照片，"哎，这不是我家门口那条路吗？"M小朋友说："对啊，就是那里。"关于路的讨论开始了。

马路是我们每天出行的地方，是小朋友们每天上学、放学的必经之地。"路上有什么"成了幼儿关心的问题。马路上一定有许多的秘密，在幼儿园的附近就有这样一条"黄金大道"，奇妙的马路课程便开始了。

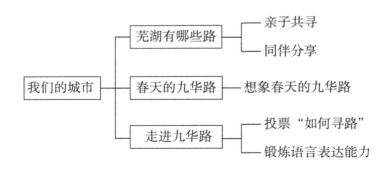

一、芜湖有哪些路

我把问题抛给孩子们，让他们回家问问爸爸妈妈。Z："我家的路叫公园大道！"J："我去过步行街！"W："妈妈告诉我有北京路！"L："那还有南京路吧？"W："我家在九华山路，离赭山公园好近！"赭山公园在九华山路啊？""是的，是的，我经常去。"孩子们带着询问来的答案，你一言我一语地说个不停。"九华山路？八华山路吗、七华山路、三华山路……哈哈！"Y好奇地给九华山路加上好多数字，引来了小朋友的阵阵笑声。

着眼于幼儿已有经验，敏锐观察，抓住幼儿一日活动中的兴趣点、热点话题、偶发事件作为课程的切入点，引导幼儿实际感受家乡的变化和发展，萌发幼儿初步爱家乡的情感。以孩子的兴趣为基点，挖掘乡土资源，我们开展了社会活动"家乡的路"。

活动中孩子们了解到九华山路是芜湖城市的主要干道。九华山路是这条路以前的名字，现在就叫九华路。孩子们还知道每到秋天的时候是九华中路最美的时期，金黄色的银杏叶连成一片，特别的美，许多人都会在这里留影纪念，因此它又被称作"黄金大道"。关于"黄金大道"的探究刚刚开始，在孩子的成长过程中还有许多像这样偶发的热点话题或兴趣点，我们需要善于捕捉、抓住时机，和孩子们一起探究，与孩子们一起发现生活中的美好。

二、春天的九华路

秋天的时候九华中路叫做"黄金大道"，现在是春天，它又叫什么呢？这是正值春分时我与孩子们的一次聊天。"绿色大道"还是"鲜花大道"呢？孩子们天马行空地说着，我请他们拿出画笔把自己心中春天的九华中路给画下来。在他们的画笔下，春天的九华中路变成了这样、这样还有这样……

幼儿时期，是培养想象力的关键时期和敏感时期，出色的想象力会在孩子长大后的生活中发挥积极的作用，所以不要阻止孩子们天马行空的想象力。但有些时候探究还需回归现实，我没有对他们的想象进行肯定或者否定，而是让他们把自己的设计思路告诉大家，并且在此基础上进行验证和实践。

三、走进九华路

"春天的九华路真的像你们画的一样吗？"我抛出问题。W马上接话："不是的，才不是他们画得这样，我每天都走这里。""我们都去看看不就知道了。"孩子都纷纷表示同意。W："我奶奶带我坐公交车。"F："爸爸开车带我去。"Q："我走路过去就行了。"F："妈妈骑电动车带我去。"

我们能自己去吗？不认识路怎么办呢？大家一起来想一想。

经过调查收集，孩子们想出来以下三种方法：手机导航，查看地图或标志牌，询问路人。可是哪一种办法最好最方便呢？大家投票开始了。意想不到的是选择了看地图的人数最多。出现这样的投票结果我觉得可能是幼儿对于"地图"并不知道是什么，觉得地图就是一张图片或一个标识。我又追问孩子们为什么就两个人投了询问路人？W："怎么问陌生人呢。"F："我就问我的妈妈。"Q："我不敢问别人。"

于是，我通过一个有趣的故事《问路》，让孩子在用礼貌的话语问路的过程中不断锻炼幼儿的语言表达能力，同时又带有一定的神秘感，把孩子的注意力集中在故事里。通过生活中遇到的事件去锻炼孩子们的语言表达和社会交往能力。

孩子们用自己的寻路方式在家长的陪伴下终于来到了九华中路。他们看到了九华中路两边的楼房，路旁大片的银杏树，路边的广告牌、标牌，还有大大的摩天轮。充分利用家长、社区及周围环境的教育资源，扩大幼儿生活与学习的空间，教师参与利用多种社区资源来创设幼儿学习与生活的环境，激发幼儿自主体验与探索。

课程启示

随着年龄的增长，幼儿的社会认知面越来越广，对于周围的事物都充满强烈的好奇心和求知欲望。路，是孩子们再熟悉不过的环境，蕴涵着许多关于生命教育的契机，储藏着孩子们期待发现与探究的问题，是孩子们观察社会的一个窗口，并在深度体验、参与的过程中与人快乐交往，形成初步的责任意识。《指南》指出，要和幼儿一起发现并分享周围新奇、有趣的事物或现象，一起寻找答案。

科学领域目标指出，幼儿能通过简单的调查搜集信息。可见，信息收集能力是幼儿重要的科学探究能力。信息搜集能力的培养对幼儿自主学习、获取科学经验具有重要意义，在提出问题阶段，通过搜集与交流信息能拓展探究的范围及内容。

　　一路相伴下来，孩子们在寻路的过程中通过讨论、比较、实践等方法，从想要走进九华中路到通过讨论、调查、寻路的方式，最后亲身实践知道到达同一个目的地有不同方法。活动帮助幼儿不断积累经验，并能运用到新的学习活动，形成受益终身的学习态度和能力。但在梳理课程故事时，我发现还有许多可以优化的地方，如在投票环节中出现了一边倒的投票结果，其实这是幼儿的猜想，就像科学活动一样有猜想就要去验证，就这一问题教师没有继续和孩子们共同验证下去，这也是在告诉我今后在实施班本课程时一定要做实、做透，当然"路"的故事依然会继续。

舌尖上的茶香

课程起源

由于2020年度第一学期的班本课程是"多姿多彩的叶子"，因此第二学期我依然跟随孩子们的脚步，继续叶子的主题活动。

幼儿自然生成的兴趣往往有即时性和即景性，离开了这个时间和这个情景，幼儿对相关事物或活动的兴趣很可能就会消失。孩子随意带来的一些茶叶勾起了他们的好奇心，引发了关于茶叶奇思妙想的一系列问题。幼儿的"当前兴趣"是否有价值？通过班级老师的交流与讨论，觉得中国的茶道有着三千多年的悠久历史，通过开展茶的班本活动可以增进友谊、学习礼仪。当天下午，我们便尝试以"中国茶文化"为突破，以幼儿"茶叶是叶子吗？"这一问题为切入点，和孩子一起了解和感受悠久的中国茶文化。

主题脉络

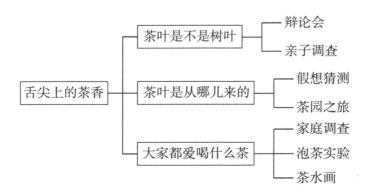

一、茶叶是不是树叶

周一的早上，Z从家里带来一些茶叶，一进教室就开始跟好朋友分享，孩子们围着Z，都在纷纷讨论。C问："这茶叶是叶子，能吃吗？"X说："叶子是毛毛虫吃的吧？茶叶不是树叶。"W说："嗯，这是茶叶，能泡茶喝。"Z接着说："之前我们学的是树叶，茶叶是叶子吗？"可以看到孩子们对于"茶叶是不是树叶"问题争论不休，有人认为是，有人坚定地认为不是。

幼儿对于茶叶到底是不是叶子争论不休，辩论会应运而生。我适时地为幼儿创设表达与表现的环境与机会，开展"茶叶是不是树叶的小小辩论会"。C说："茶叶是绿色的，树叶也是绿色的。"W说："茶叶泡开就是树叶啊。"Q说："茶叶像树叶啊。"S说："因为茶叶和树叶都有一个"叶"字。"X说："我闻过一种茶叶，和树叶味道一样。"D说："我觉得茶叶不是树叶，因为茶叶小小的，树叶大大的。"Y反驳道："对啊，茶叶泡的水能喝，树叶泡的水不能喝。"到底谁对谁错呢？我们通过亲子查阅、教师讲解，一起寻找答案吧。

通过孩子们针对一个问题进行相互讨论交流、你问我答或辩解的方式，他们的思想和观点进行有效交锋，即便观点错误，让他们自己去探索验证何尝不是一种乐趣？

二、茶叶是从哪儿来的？

好奇宝宝们又上线了，M知道茶叶是树叶后，便问："老师，茶叶是从树上掉下来的？"W说："不对，我觉得是从土里长出来的，不对不对，是用手摘下来的。"M反问道："那摘下来的茶叶直接就能吃？"孩子们七嘴八舌地聊起来，这时候爱画画的X说："不跟你们说了，我去画出来问老师。"说罢，她认真地画起来，好多小朋友看到后也纷纷去拿纸。

正值清明节前后，是解决茶叶从哪儿来这个问题的好时机。我说："可以让爸爸妈妈带你们去看看呀。"于是，一场说走就走的采茶旅行开始啦。采茶地点选在池州市青阳县、小野农场亲子乐园、芜湖湾址红杨镇和平林、黄山市屯溪区。

孩子们去茶园后，亲身采茶，并看到了采茶人制茶的过程，在茶园采摘下茶叶后，

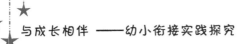

还要发酵、暴晒、揉捻等。孩子们惊叹小小的茶叶还有这么多的工序，更加爱上茶叶。因为没有直接的生活经验，老师如果费力讲解制茶的每一个过程，幼儿很有可能觉得枯燥无味且难以理解。正值清明时节，正是采茶的好时机，在茶园里孩子们可以与大自然和谐相处，既收获大自然的馈赠，又收获着童趣，更收获亲情与友情，这是大自然赐予孩子们最好的礼物。正如《指导要点》提到，以生动有趣的形式开展爱家乡、爱祖国的教育。有过茶园的社会实践经验，清明节复学后，很多孩子自主地在班级玩起了茶叶游戏。

三、大家都爱喝什么茶?

Z在看到我的黄色茶水后说："我的妈妈爱喝茉莉花茶，因为甜甜的很好喝，花茶还长得很漂亮。"Y说："爷爷爱喝铁观音这个茶。"大家你一句我一句地讨论起来。一项问卷调查，让孩子们化身为小记者，采访自己的家人，了解家人都爱喝什么茶，为什么爱喝它。可是关于Z之前说的"不信的话，让老师泡泡看"的问题还没解决。于是，我给他们准备了一些茶叶和水杯，但是实验的第一步就有了分歧。孩子们对于茶叶用冷水冲茶还是开水冲茶产生了疑问。W说："老师，用什么水泡啊?"P说："我爷爷在家里就是用开水泡的茶。"X说："冷水也是水啊，应该能泡开吧!"我不语，只是为孩子们提供了茶叶和水杯，让他们自己找寻答案，并记录下来实验结果。

在这一活动中，老师扮演的是支持者，提供材料、创设条件，引导和支持幼儿合作开展活动，体验合作的重要性。教师提供茶叶、茶杯等材料，幼儿相互合作和分享茶实验的记录，体验合作的快乐。幼儿通过实验，知道并认识茶是可以用来泡茶的叶子。同时，通过观察泡茶过程中茶叶的变化、水的颜色变化以及冷、热水对泡茶的影响，最后幼儿分享自己的实验记录结果，知道茶叶遇到热水才可以发生变化，而冷水则不可以。

当天晚上，我让孩子们在家换一种茶叶泡试试，看看是否结论一样。然而，第二天C就失落地跑来告诉我："老师，昨晚泡茶没成功，我不小心把泡好的茶杯水打翻了，洒在了桌子上。"我想了想，跟他说："你又不是故意的，下次注意别烫到自己。你知道吗? 茶叶除了能泡茶喝，还可以做更有意思的事情呢。茶水还可以用吸管吹呢!"其他小朋友听到，惊讶地说："还可以吹啊?""当然，你们可以回家试试看。"我很神秘地说道。果然，孩子玩起了茶水大变身：一根吸管，吹一吹，将茶水变换出无数造型；玩起了茶水泡泡，在茶水里滴上一点点洗洁精，吹了起来。M第一个让妈妈给我发来家里的实验照片，可是茶水痕迹不明显，让他想想如何能把茶水印迹留下，过一会他高兴地发来语音告诉我：有啦，有啦。

课程启示

在"舌尖上的茶香"这一课程故事中,对于"茶叶到底是不是树叶"的问题,幼儿自发形成正方和反方,以辩论会形式提出自己的不同看法。《指导要点》指出,鼓励幼儿认真倾听同伴的想法和建议,当意见不一致时说明理由,学习协商解决问题,达成一致。尊重不同幼儿生活经验的差异性,允许存在不同、不对的声音,因为幼儿生活的场域不同,所具有的生活经验也就不同。对于同一课程资源,可能有的幼儿感兴趣,有的幼儿熟视无睹。对此我们慎用少数服从多数的原则,避免用一部分幼儿的生活经验规约另一部分幼儿,避免将一部分幼儿的生活强加给其他幼儿。同时,《指导要点》指出,要营造宽容接纳的师幼交往氛围,用尊重、接纳的态度与幼儿交流,鼓励他们表达自己的想法和需求,不用对错简单评价,肯定积极想法,满足合理需求。由M在家里打翻茶水这一看似不起眼的行为引发的科学与美术综合的茶水画活动,没有在班级集体开展,而是以亲子交流探索的形式一起制作,并把作品带到学校一起欣赏交流心得。孩子们在家里一次、二次,甚至三次失败后的不气馁得益于平时学习品质的培养,家长亲眼见到自己的孩子不放弃后所取得的成功,这种亲身体验后的愉悦心情是不可比拟的。

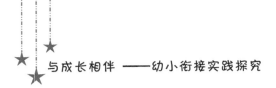
一起来帮"盲"

课间小朋友们围在一起讨论。A说："今天我妈妈带我去九华路的时候，我发现人行道上有凸凸的石头。"Y说："是的，我也看见了，那有长长的，像威化饼干一样的格子。"J说："还有圆圆的点点，就跟小番茄一样。"H说："那个是走的路，我妈妈带我去超市的时候，路上有，我就看到了。"X说："那是'路'身上的花纹。"W说："是马路上的标志倒下来了。"

孩子们像炸开锅的蚂蚁，你一句我一句，讨论起来。我站在旁边观察并倾听他们"爆炸的小宇宙"，非常有趣。孩子们一时间对奇怪的"凸起"产生兴趣。对此，他们提出很多相应的问题。在讨论中，他们的思维活跃起来，探索热情也被激发。为了满足孩子们的学习兴趣，我们进行了一系列的"盲道探秘之旅"。

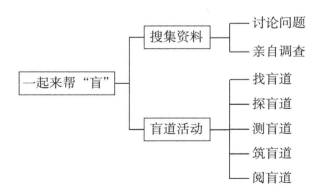

一、大调查

伴随着问题的出现，大家积极地探索起来。在手机上、电脑上、书籍中寻找着"凸起点"的答案。

二、找盲道

放学后，孩子们在回家的路上，在超市的路上，在公园的路上寻找盲道。我也在回家的路上找到了盲道。

三、探盲道

孩子们利用周末，在父母的陪同下，俯下身子并试图用各种感官发现盲道上的秘密。

1.与众不同的"路"

盲道是黄色的，盲道上面有一个个凸起的小圆点，像夹心饼干。盲道是长方形的，像饼干一样躺在地上，走在盲道上，感觉和走在鹅卵石上一样。

2.途中的"十万个为什么"

"为什么盲道用黄色？还有其他颜色吗？""为什么盲道本来是直条的，转弯的地方就会变成圆点点？""盲道离绿化带、电线杆、树木和路缘石多长距离才安全？"盲道上有车和水坑，盲人怎么走呢？

3.我的好主意

对于盲道中出现的问题，孩子们有自己独到的办法，如用绳子拉小车、领盲人从另一条路走、用盖子把水坑盖起来、用吊车把石头吊走、把自行车搬走等。他们将自己的办法画下来，为了证实自己想法的可行性，他们又去实践。

孩子们通过自主调查、探索，掌握了一些与盲人相关知识。他们走上街头主动用铲子铲水，用脸盆接水，并动手清理了占用盲道的杂物、砖块、自行车等，为盲人的出行营造便利。小朋友们还通过询问家人、采访保安、设计新盲道、实地测量等方法，解决了小困惑。

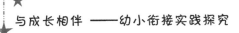

爷爷告诉我们，直条凸起砖是告诉盲人向前直线行走，点状凸起砖，铺在拐弯处，提醒盲人要注意。为了使盲人安全出行，小朋友们设计了方便的新盲道。

孩子们天马行空，设想出彩虹的盲道，带传感器有声音提示的盲道，还有休息可以听音乐的盲道。为了鼓励他们大胆设想，畅所欲言，我们还展开了一堂辩论赛。

四、测盲道

老师："我用短绳、树枝、小竿子测量盲道与电杆、路缘石的距离。""我用橡皮、硬币测量凸点的高度。""我用铅笔测量盲道的宽度。"大家拿起自己喜欢的测量工具来到盲道上，开始了测量工作！"老师，我用橡皮和硬币量的盲道凸出来的地方，为什么结果不一样呢？""我用短绳和树枝量的盲道到马路边的距离，结果也不一样。""是不是我们量错了？""应该是记录错误了吧。但是不可能几个人都记错吧。""我发现短绳比铅笔长好多。要不我们量一量一根短绳有几支铅笔长，有几根树枝长？"几位幼儿尝试着把测量工具展开来，用首尾接龙的方式验证记录结果。"哈哈！4支铅笔和1根短绳一样长。""4根树枝和1根短绳也一样长。""老师，我发现四个硬币垒起来和一块橡皮是一样的高。""原来我们测量是正确的呀。"

五、筑盲道

孩子们正为自己的测量结果高兴时，突然有个幼儿说："如果我们幼儿园里也有盲人小朋友，他怎样才能像我们一样方便地找到自己班级呢？""我可以扶着他进教室。""我想为他搭建一条盲道。"于是在建构区中，孩子们又玩起了搭盲道的游戏。E说："盲道的直条突出可以用易拉罐代替，放在路的上面。"M说："上次我们验证过一块橡皮的高度正好是盲道凸起的高度，易拉罐与积木之间的高度正好是橡皮的凸起，用易拉罐来代替直条凸起最合适了。"为了盲道的点状凸起，W和X也在探索着。

六、阅盲道

看孩子们如此着迷盲道，我也与他们共成长，搜集了关于"盲道"的绘本研究起来。有天我找到绘本《看不见》，是带领孩子参与一场"扮演视障者"的体验活动，让孩子亲身感受视障者生活的不便，也感受看不见的惶恐与不安，因而懂得以行动帮助弱势群体，同时更加感恩惜福。很有意义的一本绘本，我便悄悄地投入图书角"静待花开"。终于有一天，小朋友陆续来阅读了，放学后的等待时间，我就让他们交流分享。

课程启示

　　在"盲道"课程的开展过程中，教师以孩子的关注为出发点，不断探索其中的教育价值，聚焦问题，鼓励孩子通过行动解决问题、拓展社会交往经验。从强烈的求知欲，到寻求家长的帮助，再到家长与幼儿一起搜集、查询资料的过程，孩子们已然成为学习探索的主体，用多种学习方式进行互动，构建游戏经验。幼儿通过观察凸起小圆点的大小、形状，比较发现常见物体的结构。所以说，生活即教育，生活即课程。在课程实施的过程中，我用多元化教学手段引导孩子联系生活中的人、事、物，与他人交流、合作、分享等，积累相关的生活经验。教学不再是局限于集体，而是更多的是为孩子提供时间、环境、材料，最大限度地支持和满足孩子获取经验的需要，适度放手。让幼儿在实践体验过程中有更多的机会、空间实现主动发展，培养幼儿乐意与人交往，学习互助，合作和分享，有同情心的意识。孩子们在课程中不仅对盲道有了初步的认知，还关心帮助到了社会弱势群体的需要，从《看不见》的绘本到贝多芬的《命运交响曲》，都让孩子深深地体会到，残疾人身残志坚、勤奋刻苦、勇于与命运抗争的精神，而这种精神将教会孩子终身奋斗。

"贝贝豆苗"探索记

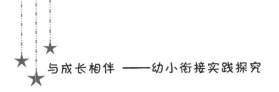

春天来了，班级的小云老师为孩子们带来了秋葵的种子。"这个秋葵种子硬硬的，圆圆的，香香的。""老师，这个不就是小豆豆吗？""不，这个才不是小豆豆呢！它是秋葵种子。"我和小云老师带领孩子们把"秋葵种子"种在了幼儿园的种植地里。谁知，孩子们还是在讨论着豆豆。"老师，秋葵的种子能长大，那小豆豆能长大吗？""可以，长大还能吃呢。我之前在海底捞就吃过。我妈妈跟我说那个叫豆苗。"我们班的W告诉了大家。"老师，我们能种豆豆吗？"

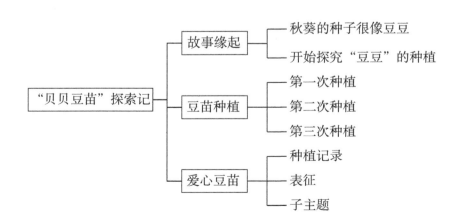

实施过程

一、第一次豆豆探索之旅

豆豆哪里有？"老师，我家里有。"没想到，有些孩子第二天真的从家带来了各种各样的豆豆。可是大家发现Z带来的豆豆里，有红豆，有绿豆，还有黑豆，全都混在一起了。这可怎么办呀！"我们把豆豆分开不就行了"N提醒着大家。这样"分豆豆比赛"就此展开。

孩子们在紧张、兴奋的气氛中，完成了"分豆豆"的任务。"黄豆是圆的。""红豆有点像椭圆。""绿豆最小。"

豆豆该怎么种呢？"豆豆需要浇水。"孩子们每天来到幼儿园，都抢着去给小豆豆们浇水，希望它可以快快长大，可是过了十天，豆豆貌似一点都没有长大的迹象。这是为什么呢？孩子们的思考是放豆豆盆里面的水太少了，豆豆要晒太阳，豆豆要放在土里面种。

二、第二次豆豆探索之旅

孩子们根据自己的想法，分别将豆豆种在土里、放在太阳底下晒、泡在水里。过了一个星期，他们发现土里的豆豆没有任何动静，晒太阳的豆豆们貌似已经被太阳晒干了，而泡在水里的豆豆感觉已经要泡坏了。看到"小豆豆"现在的处境，孩子们十分着急，他们开始尝试着改善"豆豆"。

有的孩子为土里的豆豆松松土、浇浇水，有的为水里的小豆豆换水，而被太阳晒干的豆豆被孩子们淘汰出局了。在一次次观察中孩子们又有了新的发现："水里的绿豆豆终于长大了。""长出了细细高高的秆子，长出了小绿叶。""绿豆里的盘子长出小白毛了，小豆豆是不是坏了。"

从幼儿的表述中可以看出他们对豆豆的观察越发细致，更多幼儿乐于投入分享交流。持续地观察让幼儿不仅能发现豆豆生长的变化，还引发他们对豆豆周围生长环境的关注。

这些初具雏形，可是依旧长得不太好的"小豆苗"，该怎么办呢？"这个会吃坏肚子的。""我们把它扔掉吧。""我想把这些小豆苗种到土里。"善良的Y说："为什么我

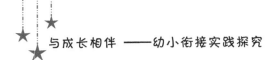

们的小豆苗长坏了呢!"

在蔬菜研究基地工作的 Y 妈妈一次打电话跟我说:"想要长得好,就需要选好的豆豆,也需要按照科学的步骤来种植。"

三、第三次豆豆探索之旅

经过 Y 妈妈的指导,我们开始重新种植,Y 妈妈也为我们带来了优质的豆豆。

第二天一大早,Y 来到种豆豆的地方,他兴奋地叫了起来:"快来看,豆豆发芽了。"大家一下子都围了过来,果然豆豆上面都长出了白色的小芽芽。自从豆豆种植初见成效,孩子们每天都会主动去观察,为豆豆浇水,甚至对豆豆入迷得不想离开。

"豆豆下面长了好多小须须。""豆苗都已经快弯下来了。""豆苗的叶子长得像小爱心一样。还长了小小的胡须呢。""老师,我们可以吃了吧。"看来孩子们早已对豆苗直流口水了。于是,大家一致决定开始收割豆苗、吃豆苗。孩子们拿来了剪刀、盘子,剪的剪,洗的洗。在动手的过程中,豆苗的清香不断散发出来。"哇,好香啊!"经过我们的共同烹饪,美味的豆苗出锅啦!开始我们都担心这群挑食、不吃蔬菜的孩子们难以接受豆苗,可是现实告诉我们,孩子对于自己种植的豆苗特别喜欢,两三口便一扫而光!

四、第四次豆豆爱心之旅

孩子们对于"种豆豆"的兴趣依然不减,有了第三次的种植经验,我尝试着让孩子们自己去种豆豆。

教师是幼儿学习的见证者、支持者、分享者。我认为,小班幼儿活动户教师可以有目的性地稍加引导,但是当孩子们拥有自主解决问题的能力时,教师应该适当退后一些,充分相信孩子,鼓励孩子多与同伴进行交往和互动。

为了让孩子们更充分地观察、照顾小豆苗,本次种植的小豆苗也分别走进了不同的家庭。还有些孩子已经在家指导起妈妈和奶奶种起豆苗,俨然成了"小豆苔专家"。

在与豆苗的亲密接触过程中,孩子们也创作出了《我和豆苗的故事》。"这么多的豆苗,该怎么办呢。"最终,孩子们一致决定:卖豆苗!"卖豆苗可是能挣很多钱的。"孩子们开始讨论起"钱"该怎么办!"买零食。""给妈妈买包。"而我告诉他们,"有很多小朋友,因为家庭比较困难,没有像你们能拥有这么好的学习、生活环境。我们可不可以帮帮他们呢!""那我们把钱给这些小朋友吧。"就这样,"献爱心"这颗小种子在孩子们的心中种下了。

6月8日一大早,孩子们在幼儿园的大门口开展了"贝贝豆苗"义卖活动。活动当天,孩子们早早地来到了幼儿园,开始为早上的"义卖豆苗"活动做准备。"大家快来

买豆苗啊!""新鲜又有营养的豆苗超好吃的。"吆喝组的孩子们热情叫卖,收银组的孩子们还向客人出示了自己的二维码,发豆苗组的孩子们细心有序。大家瞬间变成了"卖菜小能手",20分钟后新鲜的豆苗全部被抢售一空。

当天下午,我们来到了赭园小区残疾小朋友 B 的家里,给他送去了孩子们用义卖豆苗的钱购买的爱心礼物。"赠人玫瑰,手留余香","义卖豆苗"不仅锻炼了孩子们,更重要的是让孩子们学会传递爱,懂得感恩。

《指导要点》提到,营造宽容接纳的师幼交往氛围。用尊重、接纳的态度与幼儿交流,鼓励他们表达自己的想法和需求,不用对错简单评价,肯定积极想法,满足合理需求。在种植秋葵的活动中,孩子们对于圆圆香香的秋葵种子产生了浓厚的兴趣。教师并未否定孩子的想法与兴趣点,而是尝试让幼儿亲自动手,给他们一个开放的空间去发现问题,解决问题。"主动发现问题并尝试解决"是整个活动的主旨。这也是幼儿运用自己已有的知识和经验,结合现有的能力和所收集的信息进行大胆推理、判断、求证的过程。

幼儿在解决问题中所采用的方式方法会直接影响探究活动的结果,因此怎样解决问题,用何种方法解决问题是决定整个活动成败的关键。面对"豆豆为什么没有长大"的问题,孩子们想出了自己的三种解决方法。幼儿的原有知识和生活经验直接影响到他的认知能力,他们对"豆豆为什么没有长大"问题的认识,往往只是凭借自己所发现或感受到的现象来进行定位,有很强的主观性。幼儿在对问题进行探究的过程中,教师要给予幼儿出错的权利,因为只有发现了错误,才能慢慢了解他们的思维方式和认知水平,从而进一步提升他们的经验。在尝试中经历失败,在失败中获得经验。孩子们在经历了三次种豆豆后,也感受到种植是一件不容易的事情。《指导要点》提到,在活动中发展幼儿具备任务意识和执行任务的能力,有助于幼儿适应小学学习生活的要求,逐步做到独立完成各项学习任务。"种豆豆"这件事对于一群小班孩子来说,具有一定难度,但随着活动的深入,孩子们越来越投入,最终成功完成"种豆豆"的任务。

在豆豆探索之旅的过程中,我们追随孩子的兴趣点,给他们提供探索和发现的空间。活动中,孩子们不仅认识了各种各样的豆豆,也从不知如何观察渐渐转变为积极参与、

积极探索，通过尝试失败获得经验。小班幼儿年龄小，需要教师提醒并带着他们一起去做，但也初步培养了幼儿动手动脑的能力。在探索过程中，幼儿难免会发生失误，作为教师要妥善对待幼儿的错误，让他们感受到教师对探索的支持，增强他们的信心。

有趣的图形

小 F 和妈妈周末去了海洋公园，周一刚入园他就迫不及待地与同伴分享。小 F："我在海洋公园看到了许多小鱼，有的是圆圆的，有的是椭圆形的。"小 X："那有三角形的鱼吗？"小 F 有些不太确定地回答道："好像有吧！"小 X："有小乌龟吗？"小 F："有啊，小乌龟是半圆形的。"小 F 和小 X 的对话，引来了围观的小朋友纷纷讨论起来。原来孩子们对图形这么感兴趣呀！

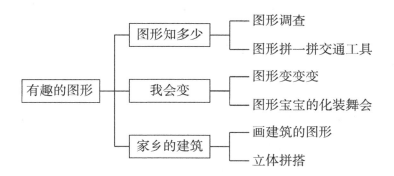

83

一、图形知多少

生活中蕴藏着丰富的图形信息，等着孩子们去发现！

1.图形调查

你认识哪些图形？你发现家里有哪些图形宝宝？请爸爸妈妈和孩子们一起在家进行有趣的图形大调查，如番茄是圆的，家里的钟是圆的，篮球是圆的，磁力片玩具是三角形的等。我们找到了很多圆形、三角形和方形的东西，赶紧把它们记录下来，告诉老师和小朋友。

2.交通工具

不知不觉中，图形已经融入了孩子们的生活，他们时常会把一些事物与图形联系起来。国庆大阅兵你看了吗？我看到了好多坦克、大炮、装甲车，还有好多飞机。孩子们讨论着70周年国庆大阅兵，看到了许多新型武器。根据孩子的兴趣点及生活经验，从交通工具入手，我们再次投放了调查表。孩子们将观察到的常见交通工具用手中的几何图形拼一拼。方块连着方块，变成一列小火车，安上圆滚滚的小车轮，突突突——小火车开咯；小小的长方形折一折，变成尖尖的三角形，翻过来、折过去，你看我的小飞机做好啦，给它装饰上好看的图案吧！

二、我会变

1.图形变变变

"图形变变变"的美术课上，孩子们大胆表述着自己的想法：水母的身体是半圆形的，圆形像小鱼的身体，小乌龟的壳也是半圆形的。孩子们用纸盘和彩纸的撕贴完美组合成了教室的主题墙"我会变"。

随后的几天里，孩子们一直在讨论着图形，桌子是方的，吃的饼干是圆圆的，小帐篷是三角形的。图形在孩子们的眼中不断"变形"。孩子们在活动中不断探索，尝试着拼一拼，用图形拼出各种有趣的图案，两个圆形就能拼出小人的身体，四个圆形能拼出一条毛毛虫。

2.图形宝宝的化装舞会

幼儿不断拼出各种有趣的图形，于是我决定用幼儿做出的图形，举办化装舞会。孩子纷纷用各种图形，做出自己想象中人的形状。我的宝宝身体是三角形的，我的宝宝是方形的，我的是梯形的，你看我给它戴了三角形的帽子。

三、家乡的建筑

交通工具可以用图形来表示，那么房子呢？不如从家乡的不同建筑入手。我的家乡有美丽的步月桥、临江桥、长江大桥；有高高的中江塔、许多的高楼大厦；芜湖还有好玩的方特梦幻王国，像城堡一样。孩子们用画笔绘画出建筑的图形特点，不仅仅是停留于平面，而是围绕建筑的"几个面"进行观察。观察后孩子们对于搭建跃跃欲试，于是分组讨论—确定建筑—绘画—搭建。在这过程中，孩子们的合作也越来越顺畅，当然也有的小组会出现分歧，但是都很快在讨论中解决，于是"老海关"搭好了，"金鹰国际大厦"搭好了，"芜湖火车站"也搭好了。

在孩子的眼里，世界是一个纷繁复杂的图形，如桌子、椅子、玩具和图书等，都存在着各种图形元素。图形对于幼儿而言，有着难以抵抗的吸引力，让他们每时每刻都在感受图形的乐趣。幼儿对图形非常敏感，并有着浓厚的探索欲望。在童心的世界中，图形是奇妙的，千变万化的，同时图形又是一门艺术，充满了创意思维。

《指导要点》提出，激发幼儿爱家乡、爱祖国的情感。不论是国庆大阅兵中的先进武器、生活中常见的交通工具，还是家乡的建筑，幼儿将图形与生活中的点滴有机结合，潜移默化地学会关注身边的事物，关注家乡的变化，萌发了爱家乡、爱祖国的情感。

在认识图形的过程中，幼儿与家长互动、幼幼互动、师生互动，丰富幼儿的交往经验。幼儿在互动中，学会倾听同伴的想法和建议，当意见不统一、思维产生碰撞时，懂得尊重与接纳同伴并协商解决，不断更新、调整和优化设计方案。正是在"宽容接纳的交往氛围"中，孩子们搭建出了一件件作品，自主地去表达与创作。使幼儿在搭建中体会到探索和发现时的兴奋和满足，愿意用数学的方法尝试解决生活和游戏中的问题，因此解决问题的过程就是孩子们学习的过程。

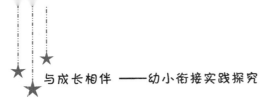

　　在活动中，孩子们收获了快乐，收获了成长。他们不仅认识了各种各样的图形宝宝，还让他们成为图形的爱好者和探索者。我们生活在一个纷繁复杂的图形世界里，虽然课程故事结束了，但是探索图形奥秘的脚步不会停止，相信会有更多的惊喜等待着我们！

学习准备

"幼"见成长

活动开展之时正值大班下学期，是幼小衔接的关键期。幼儿应形成良好的时间意识，养成遵守时间、珍惜时间的好习惯，我们以此为切入点，为幼小衔接做好学习准备。

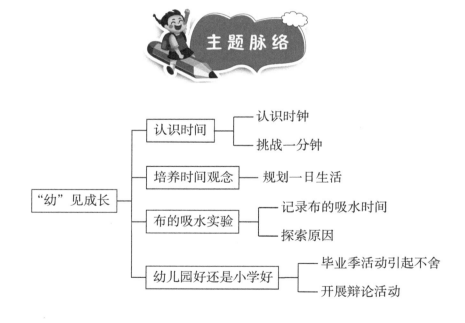

一、认识时间

借助教学活动，让幼儿认识时钟结构，了解时针、分针、秒针。通过延伸活动，认识钟表的价值，引导幼儿学习看整点、半点。掌握时间后，孩子们自己规划每天的起床和入睡的时间。

我们还通过绘本的学习帮助幼儿了解时间的重要性，鼓励幼儿用数字或图画的方式自己每天记录时间。从最初的组长帮助看时间，到自己独立地记录，孩子们养成了每天打卡记录的习惯。

孩子们每天在给自然角的小棉花浇水时总能发现小棉花的小变化。"瞧，它的叶子张开了。""哎，才过了五天，它就长得这么高了。"孩子们用画笔将棉花的生长过程画了下来。他们惊喜地发现，随着时间的推移，棉花越长越高，叶子也长大了许多。记录植物生长的同时，也增加了幼儿的书画兴趣。

"距离毕业还剩下几天呢？"我们设置了倒计时主题墙，孩子们每天轮流计算并摆放相应的天数数字卡，引导幼儿尝试用数学的方法解决日常生活中的问题，感受时间的飞逝。Z："时间有时候确实很快，你知道有多快吗？"G："你看时钟上面的秒针不停地走啊走，一下就走完了一圈，这不就很快嘛。"

怎样感受时间的飞逝呢？我们组织幼儿了解一分钟的意义，玩一分钟游戏。一分钟能拼多少雪花片？一分钟我能把小书包收拾好吗？一分钟谁叠的被子又快又好？一分钟我需要跳多少个才能成为跳绳小达人？通过实践，有的小朋友一分钟能拼搭很多的雪花片，还有的小朋友一分钟只能跳几个绳子。在亲身体验中知道自己一分钟可以做的事，纷纷表示，时间过得太快了，我们应该要珍惜它！

挑战一分钟的活动既提高了幼儿参与的积极性，逐步培养幼儿的时间观念，又锻炼了幼儿自我管理的约束力和意志力，还提高了孩子的专注力，为上小学做好充分的学习准备。《指导要点》指出，支持幼儿专注持续地完成任务，有意识地增加需要一定专注力和坚持性才能完成的游戏和活动，保证幼儿有充足的活动时间能够专注地完成任务。

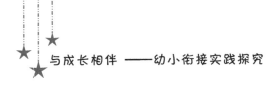
二、培养时间观念

自跳绳小达人的活动开展以来，很多孩子从一开始一个不会到后来能跳几十个甚至上百个，看到孩子的坚持，更看到家长的配合。幼小衔接是孩子必经的人生历程，而学习准备是孩子性格习惯养成的一个重要环节。专注力、坚持性、计划性等学习习惯的养成，以及家园共育为幼儿今后步入小学校园打下良好的基础。

为培养幼儿的时间观念，珍惜时间，我们还要求家长鼓励孩子入学不迟到。在参观小学了解小学学习及作息习惯后，我们鼓励孩子们给自己制订相应的学习计划。

《指导要点》指出，应引导幼儿有计划地做事。在一日活动开始前向幼儿介绍当天的活动安排，鼓励他们说一说自己的活动计划，和幼儿一起回顾他们的计划和完成情况，分析原因并调整。为此，我们设计了《我的学习计划》《周末作息表》等一日生活计划表，要求幼儿尝试将自己的活动安排用绘画的形式表示出来，鼓励幼儿参与并按自己的计划执行，家长参与评价。这样不仅是提升孩子的自主意识、强化任务意识和规则意识的有效途径，还能激发他们更加独立自主，为进入小学做好充分的准备。

三、布的吸水实验

活动源于孩子们进行的一次布的吸水实验。D："我们要把布同时放进水里，还要轻轻地放。"N："行了吗？我可以计时了吗？"W："别急别急，先要把所有的布都摆整齐再放。"Z："我好兴奋哦，这些布到底会不会吸水呢？"L："我觉得这些布肯定吸水的。我要看仔细，记录下吸水最快的那个布。"

《指导要点》指出，教师应给予充分的时间，鼓励和引导幼儿表达，接纳幼儿不同的想法，不轻易打断幼儿讲话。活动中，我在一旁静静地聆听孩子们的对话，观察到孩子们以小组合作的形式，一人将不同的布放进水里，一人用计时器计时，再到其他的孩子观察哪种布先吸水，用时多久，通过亲身操作，从发现布能吸水的特点，再到比比哪种布吸得快，孩子们将结果一一记录了下来。

记录表上孩子们根据用时的多少发现每种布的吸水时间不一样，而且同一块布每一组吸水的用时也不一样，记录结果引起了他们极大的好奇。H："因为布太厚了。"Y："不对，肯定是盆里的水不一样多，所以吸水的时间也不一样。"Z："老师，我们还想再试试。"

《指导要点》指出，对身边的新事物感兴趣，有好奇心和探究欲。幼儿喜欢刨根问底，乐于动手动脑，教师应给予足够的时间、空间和材料，支持幼儿通过观察、比较、操作、实验等方法，学习发现问题、分析问题和解决问题，帮助幼儿提高学习

能力。

孩子们在多次实验探索后发现因为材质的不同，布的吸水速度确实不一样，有的布需要几秒钟，有的布需要一分多钟才开始吸水。在孩子们寻找原因的同时，时间这个抽象但又和我们学习生活相关的词语成为孩子们的高频词。

四、幼儿园好还是小学好

属于孩子们的毕业季越来越近，我们开展了一系列的毕业季活动，很多孩子表示出自己对幼儿园的不舍与留恋："我不想毕业，不想离开老师。""我也不想和小朋友分开。""小学有很多的作业，我害怕写不完。"

《指导要点》指出，组织幼儿围绕生活和游戏中感兴趣的事情进行讨论，鼓励和引导幼儿表达，接纳幼儿不同的想法，不轻易打断幼儿讲话，以此培养幼儿的倾听和表达能力。

我们以"幼儿园好还是小学好"的话题开展有趣的辩论活动。J："我觉得幼儿园好，因为小学的教室里没有有趣的课堂，主要就是写作业那些难的事情，幼儿园里就没有，而且还能在操场上玩很长的时间。"G："我不同意你的，我觉得小学好，因为小学能学到知识，学知识好。"H："我觉得小学好，因为小学的教室很大，而且下课了还能想玩什么就玩什么。"Z："我觉得幼儿园好，我们中午还能在幼儿园吃饭、睡觉，小学还要回家睡觉。"在辩论中，孩子们热烈地表达着自己对于小学和幼儿园的想法，积极大胆地表达自己的观点。老师给予宽松的环境，充足的时间鼓励幼儿在辩论活动中想说、敢说、会说。孩子们对这种新的交流方式感到新鲜，积极参与活动中。

学习准备应渗透于幼儿在园一日生活和游戏之中，潜移默化、循序渐进地帮助幼儿顺利完成从幼儿园到小学的过渡。因此，教师带领孩子开展"参观小学""小学老师来了""仲夏夜观"等活动，带领幼儿接触大自然，开阔视野，丰富知识，加强幼儿与社区、社会的联动。入学准备不是完成"固定知识"的传授，而是在全面发展的基础上，强化学习兴趣、愿望、能力和品质的准备。我们要相信幼儿，用科学的教育理念，为幼儿的长远发展做好铺垫。相信在美丽九月，这批大班的孩子们能带着心中的美好、向往、憧憬与期待，自信从容地迈进小学，开始新的生活。

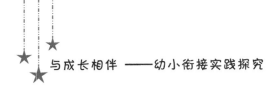

神奇的树胶

课程起源

　　11月份的一天，正在户外活动的孩子们发现了一个神奇的东西。"老师快看，树上吐泡泡了。"我闻声过去，原来孩子们说的"泡泡"是长在树上的东西。这些长在树上的"泡泡"到底是什么东西呢？孩子们开始了自己的探究。

　　班本课程强调"班本化"，即以班级为单位，以班级幼儿为课程设计与实施的前提，关注本班幼儿的兴趣所产生的微主题。《指南》指出，面对作为主动学习者的幼儿，教师应该以关怀、接纳、尊重的态度与幼儿交往，耐心倾听，努力理解幼儿的想法与感受，支持、鼓励他们大胆探索与表达。《指导要点》指出，为幼儿提供广泛接触自然和社会的机会。因此，需要经常带领幼儿接触大自然，参加一些有意义的活动，帮助幼儿开阔视野，积累丰富的感性经验，培养广泛的兴趣。

　　对于孩子们提出的问题："树上的泡泡是什么？"教师抓住幼儿的兴趣点，敏锐地捕捉幼儿感兴趣的内容，和幼儿一起将"树上的泡泡是什么？"演变成有趣的班本课程，从而支持幼儿的学习。

主 题 脉 络

```
                    ┌─ 发出疑问 ── 亲子调查
                    │
                    │              ┌─ 晴天
                    ├─ 观察树胶 ───┼─ 雨天
                    │              └─ 雪天
                    │
                    │                  ┌─ 发出疑问：树胶能不能做成胶水
神奇的树胶 ─────────┼─ 和树胶玩游戏 ───┤
                    │                  └─ 实验验证：树胶将纸黏起来
                    │
                    │              ┌─ 讨论
                    ├─ 割胶行动 ───┤
                    │              └─ 割胶
                    │
                    │                    ┌─ 讨论
                    └─ 制作"树胶胶水" ───┤
                                         └─ 表征
```

实 施 过 程

一、初探红叶李树上面的"泡泡"

1.它是红叶李树

随着更多的孩子围过来，大家都忍不住看一看、摸一摸。这时，我们班的"识字小能手"M同学指着树牌对我说："老师，这棵树叫'红叶李树'。"我也通过树牌向孩子们讲解"红叶李树"的习性和特点。

回到教室后，孩子们把观察、触摸"泡泡"的感受画下来并分享给大家。"这个泡泡有的大，有的小。""它长得圆圆的。""它摸起来好软，像水晶泥一样。""有的是黄色，有的是咖啡色。""对，我摸起来感觉有点像果冻。"

那么，这棵红叶李树为什么会吐"泡泡"呢？孩子们把问题带回家，和爸爸妈妈一起查找资料寻找答案。通过调查，孩子们知道了这个长在树上的"泡泡"原来是

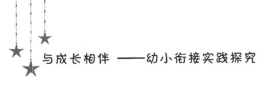

树胶！

2.为什么会有树胶

红叶李树上面有树胶，那其他树呢？孩子们开始在幼儿园仔细寻找，高的树，矮的树，叶子大大的树，叶子尖尖的树，找了一圈，也没有发现第二棵有"树胶"的树。"老师，我在我们小区也发现了有树胶的树，妈妈告诉我，它也是红叶李树。""我在我们小区也发现了，可是它不是红叶李树，那棵树是桃树。"

原来，不只有红叶李树会有"树胶"。孩子们通过调查，知道了有树胶的树统称为"流胶树"，主要有红叶李树、桃树、槐树、榆树、柳树等。正好这段时间，我们开展了一节科学活动——《植物宝宝过冬记》。孩子们通过这节科学活动还了解到，流胶树到冬天为了御寒和防冻，就会在自身树皮表面产生许多胶质物。

3.不同天气的树胶会有什么不同？

某天，孩子们午睡起床后发现下雨了，只见几个孩子穿好衣服趴在教室窗户旁边，向外望着，嘴里还在嘀嘀咕咕。我过去询问，孩子们说："老师，外面下雨了，会不会把红叶李树上面的树胶给淋掉啊！""那我们可以去看一看呀！"

我带领孩子们打着伞，来到红叶李树旁边观察。"树胶还在，没有被雨水淋掉。"孩子们激动地说着，回到教室，他们赶紧用画笔将自己的发现记录下来。"下雨天的树胶变多了。""下雨天的树胶都变大了。""摸起来还是软软的，太可爱了。"

11月底的一天夜里，芜湖下了一夜的雪。第二天早晨，孩子们发现，幼儿园到处都是白雪皑皑。下雪了，那我们的红叶李树又会有什么样的变化呢？孩子们晨间活动的时候来到红叶李树旁，孩子们发现"树胶变白了""树胶变得硬硬的""树胶变得像冰锥一样"。

通过观察和比较，孩子们发现了天晴、下雨、下雪三种不同天气下树胶的变化：从软到硬、从小到大、从少到多，以及颜色的不同。

二、和神奇的"树胶"玩游戏

1.持续观察，适时抛回问题

一次，孩子们忍不住好奇从树上摘了一个"小树胶"并带回教室，大家围在一起观察。"快看，树胶黏在我的手上了。"只见这个"小树胶"紧紧地黏在了 M 的食指尖上。"说明树胶有黏性，那这个树胶能不能做成胶水啊。"J 疑惑地问道。随着问题抛出，其他孩子们立即议论着。Y 说："我觉得这个树胶变硬了，不能做胶水。"B 说："做个实验就知道了。"孩子们你一言我一语地讨论着，计划用实验解决遇到的问题。

神奇的树胶

2.开放空间，允许幼儿按照自己的想法探究

当幼儿有探究的需要时，他们会根据自己的探究目的，寻找自己需要的材料。只见他们找到一张白纸，将树胶放在白纸中间，然后将白纸折叠起来，并用双手用力压，揭开纸，发现树胶并没有将纸黏起来。"这是怎么回事呢？""是不是力量太小了，我们再试一次。"B将树胶重新放在纸的中间，这一次几个小男生一起用手去压，想使出最大的力量将纸黏在一起。但是，打开一看树胶还是没有将纸黏在一起。"看吧，树胶是做不成胶水的。"这时聪明的B来到美工区，找来了剪刀。"我猜一定是树胶外面太硬了，我来用剪刀将外面的树胶剪掉。"待B把外面的剪掉后，孩子们第三次尝试将纸黏在一起。持续了一会儿，J打开纸，兴奋地大叫："老师，黏起来了，真的黏起来了。""成功了，纸黏在一起了"。孩子们惊喜地发现剪掉树胶外面硬硬的部分，里面的树胶是有黏性的。

三、树胶是可以做成胶水的

1.制订计划，明确下一步的研究方向

我问："小朋友们，下一步你们准备干什么？"Y说："我觉得我们目前的树胶太少了，想要做成胶水，还需要大量的树胶。"因此，孩子们的割胶行动开始了。

如何割胶，用什么工具去割胶，孩子们热烈地讨论着这个问题。N说："树胶很高，我们需要用到梯子，然后用剪刀去剪树胶。"F说："剪刀肯定剪不动，我们要用小铲子将树胶铲下来。"最后C说道："现在的树胶太硬了，我记得下雨天的树胶就比较软，我们可以先往树胶上面浇水，这样可以让树胶变软。"

孩子们说干就干，带上工具开始割胶。通过实践，孩子们发现，树胶果然非常硬，用剪刀和铲子都不行，必须用大量的水浇树胶，让树胶变软。通过长时间的努力，孩子们收获了不少树胶。树胶割完了，现在该干什么了？让我们一起讨论该如何制作"树胶胶水"吧！

2.营造宽松氛围，鼓励幼儿自主探究

孩子们讨论着如何用树胶制作胶水，在宽松的氛围中，幼儿能够自由表达、自主探索。W说："放到太阳底下晒，在天气很热的时候晒。"X说："不能晒干，干了就做不了胶水。"Y说："那我们就放在水里泡。""用冷水泡还是用热水泡呢？""我觉得不能泡，要放在锅里面加热。"孩子们按照自己的方法列出实验计划，记录预想的实验步骤以及实验所需的材料。在这个过程中，每名幼儿都提供了不同的想法，他们相互引导，互相鼓励。

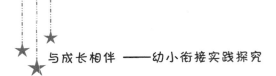

　　《指导要点》指出，培养幼儿的倾听和表达能力。组织幼儿围绕生活和游戏中感兴趣的事情进行讨论，分享自己的发现以及探究的过程、方法。教师应给予充分的时间，鼓励和引导幼儿表达，接纳幼儿不同的想法，不轻易打断幼儿讲话。孩子们在探究"树胶"过程中，"对自己感兴趣的事情能够刨根问底""能觉察到植物的外形特征、习性与生存环境的适应关系""能用一定的方法验证自己的猜测"。当幼儿专注地在解决问题时，教师更多的是在观察幼儿的探究行为，倾听幼儿的对话，从中捕捉有价值的教育点。《指导要点》指出，鼓励幼儿独立思考，为幼儿提供充分的时间思考、讨论和表达自己的观点，接纳幼儿不同的想法。幼儿对别人的观点有不同意见时敢于大胆质疑并陈述自己的观点，同时鼓励幼儿积极补充同伴的观点，并说明理由。"树胶到底能不能做成胶水？"当幼儿有问题时，教师没有急于给出"能"或"不能"的答案，而是把问题抛回去，让幼儿继续讨论和思考。

　　在幼儿园实践中，深度学习理念往往强调关注幼儿的立场，关注幼儿的学习是否真正发生，关注幼儿的情绪情感、问题的探究、经验的联系与连接、学习品质的养成。在探秘树胶活动中，教师不断支持幼儿的深度学习，关注幼儿在活动中的主体地位，帮助幼儿获得完整的发展经验。

　　在探秘树胶活动中，教师不断思考基于幼儿的课程资源，支持幼儿深入探究，开展深度学习，满足幼儿学习与发展的需求。第一，善于发现资源，从幼儿发展的视角深入挖掘园内自然资源的教育价值，对接幼儿发展的需求。第二，养成观察幼儿的习惯，通过观察发现幼儿对园内自然资源的喜好。在散步、户外活动时教师可以与幼儿一起进入自然资源现场，观察幼儿在与资源互动过程中做了什么，倾听幼儿说了什么。第三，对接教育发展目标，确定教育发展点。《指导要点》指出，教师要引导幼儿有计划地做事。在活动开始前向幼儿介绍当天的活动安排，鼓励他们说一说自己的活动计划、想法，鼓励幼儿尝试有计划地安排自己的活动。活动结束后，和幼儿一起回顾他们的计划和完成情况，分析原因并调整。在本次活动中，教师将活动重心放在观察特征、记录发现、合作交流上，活动的内容也追随幼儿的问题线索，站在幼儿发展需求的内在逻辑视角，促进幼儿的经验建构。

火龙果种子的秘密

在幼儿园生命科学园本课程背景下，孩子们发现生命、感受生命的美好，对生命有了不一样的认识。2021年10月29日，在大班秋季研学活动"我是小小收藏家"中，孩子们来到雕塑公园，在大自然中捡拾种子，回幼儿园晒种子、做种子标本，对种子有了浓厚的兴趣。12月8日的下午，小朋友们在吃火龙果时，Z说："你们看，火龙果里有黑黑的芝麻。"L说："这是火龙果的种子。"Q说："对，就像草莓里有草莓的种子，西瓜里有西瓜的种子。"M说："那这黑黑的籽到底是什么？"小朋友就这个问题展开了激烈的讨论。R提出："不管怎么样，我们得先把火龙果的籽取出来再用放大镜研究一下才能知道答案。"Q接着说："我们将这种黑黑的籽取出来再种下去，看它发不发芽不就知道它是不是火龙果的种子了吗？"

针对关于"怎么样才能更好地取出火龙果里的籽"这个问题，孩子们展开了热烈的讨论，也提出了几种方案。

"幼儿好奇好问，有良好的学习习惯，学习兴趣浓厚"是《指导要点》提出的，也是幼儿顺利进入小学必备的良好的学习品质。火龙果里黑黑的籽引发了幼儿的好奇心，使幼儿产生了浓厚的学习兴趣。作为教师应该守护好孩子的好奇心，接纳并鼓励他们对新事物进行观察、提问和探究，并为幼儿提供充足的时间、丰富的材料，支持他们持续、深入地寻找问题的答案。

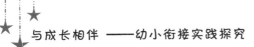

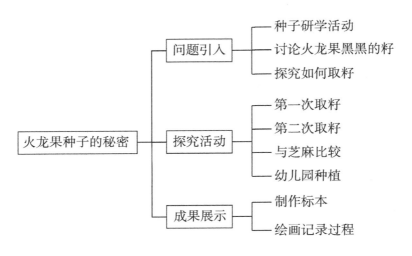

孩子们有了明确的探究目标，即如何快速取出较多的火龙果籽。教师引导幼儿利用周围场景里现有的工具进行探索，经过热烈的讨论后，提出了四种取籽方法：用嘴吐，用手抠，用勺子刮，泡水。

一、第一次探究

有了方案大家就开始行动，有的小朋友全神贯注地用手抠，有的幼儿直接拿出吃饭用的小勺在火龙果表面刮，有的用嘴吐。但是过了一会儿，幼儿总结出这三种方法不太可行，无法又快又多地取出火龙果籽。于是，我鼓励幼儿再次寻找材料进行探索。

有的小朋友去美工区找到了橡皮泥的小盒子，接着拿铅笔朝着盒子的底部使劲戳了几个洞，想要自制一个取籽分离道具。有的小朋友将碾碎的火龙果倒入水中，用勺子不停地搅拌，不一会儿果肉和籽开始分离。孩子们用勺子在水面捞起了几粒小籽，高兴地欢呼道，"我把籽取出来啦！"但舀着舀着，果肉也顺带舀了上来。他们发现水好像起到了一些作用，却又不那么确定。

小组成员开始寻求新的办法，孩子们想到了过滤，拿来一张餐巾纸，铺在罐口，当作滤网，可是纸很快被水冲烂了。Q说："快，餐巾纸烂了，我去拿张湿纸巾。"N说："我去拿，你继续搅拌。"大家没有放弃，迅速换了一张湿纸巾，解决了纸张易烂的问题，接着将桶对着湿巾向上倒。一些籽留在了湿巾表面，他很激动，一桶水又倒了下来，这下由于用力过猛，之前的籽也被冲走了，找不到了。S说："不行，我们这个罐子不行，最好可以有个过滤的网子。""我家里有网子，明天我带来"，Q说。

小朋友们感慨恐怕今天的取籽要失败了，但是幼儿通过探究内容指向获得关键经验，即水在提取火龙果籽的过程中起到了至关重要的作用。

于是，孩子们展开讨论。S说："用嘴吐不行，我感觉还好恶心。"Y说："用勺子也不行，好慢的。"R说："我用橡皮泥做的过滤工具也不行。"Q说："我感觉用水可以，籽和果肉分离了。"N接着补充道："可是用纸巾当过滤网不行，用牛奶罐不方便，那我们可以在家里寻找一些更适合的工具。"

在活动前，幼儿能够进行大胆地猜想和计划，做事具有一定的计划性，并且乐学好问，遇到困难会想办法。在活动中，以小组为单位，能够互助学习。在活动后，能够以小组为单位，对自己的探索方法进行讨论，及时调整活动，不怕困难，乐于思考并敢于表达。这为小学的学习打下了扎实的基础。我在活动中默默记录幼儿的学习行为，及时对幼儿的讨论进行总结，并在必要时提供更丰富的材料，推动幼儿第二次取籽活动的开展。

二、第二次探究

孩子们再次尝试用找来的各种工具提取火龙果籽，在获得关键经验的基础上，优化工具的组合方式，找到提取火龙果籽的最佳办法。大家用稚嫩的笔记录着探索的整个过程，最终Y和S两个小朋友慢慢发现：先把果肉弄碎放进水里，果肉和籽就分开了，籽沉在下面，果肉飘在上面，再用"撇"的方法将果肉和水过滤掉，剩下一点点果肉用镊子夹出来，盆里面就会剩下大量不黏有果肉的火龙果籽。孩子们欢呼着，分享成功的喜悦。

孩子们在取火龙果籽时，耐心、专注、不放弃，遇到困难及时想办法，能够团结合作探究利用不同的工具进行组合，最快最好地取出更多的火龙果籽。在活动中能够细致观察籽和果肉在水中的不同状态。《指导要点》指出，能较清楚地讲述一件事情也是学习能力这一发展目标的具体表现之一。在活动后，幼儿积极表达自己在学习中的发现，大胆自信地说出本组取出火龙果籽的方法，对自己的活动进行评价。这充分体现了孩子们在活动中具备了良好的学习素养。有了这些良好的学习品质，幼儿进入小

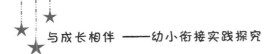

学，就能够更快地适应小学各科目的学习。

　　幼儿将取出来的籽与芝麻对比，他们利用不同感官，摸、闻、尝、借助放大镜看，并通过亲子查阅资料，最终知道两者的异同，原来火龙果里黑黑的籽和芝麻一样都是植物的种子。12月22日孩子们将火龙果的种子种植下去，看着种子一点点萌芽，一次新的科学学习又开始了。

　　一周后，小朋友们制作了火龙果种子标本并且将自己的课程故事用图画、符号以及简单的文字记录下来，一个个生动的画面，展示着孩子们在课程中的成长。

　　大班是幼儿在幼儿园生活的最后一年，也是幼儿进入小学前十分重要和关键的一年，在这一年帮助幼儿做好学习方面的准备是至关重要的。在活动中，孩子们的每一个举动都是在自己的世界里悄悄地探索，不被成人思维所干扰。他们利用各种感官感知，那么投入与专注，甄别出自己需要的元素。课程中孩子们能够通过前期讨论、第一次探索亲身体验、再交流讨论、第二次探索、实际验证的过程，逐渐学习恰当地选择工具，正确地使用工具来解决生活中需要解决的问题。同时，尝试用图画和表格的形式记录自己的想法和经验。在与同伴交流时，能够大胆讲述自己的想法与经验，倾听他人的想法，尝试总结经验，与小组成员合作解决问题，形成受益终身的学习态度和学习品质。

　　活动中教师没有打断或否定幼儿的奇思妙想，直接告诉幼儿火龙果里的籽就是种子，而是支持幼儿持续地探究行为，和孩子一起做计划、勤思考、乐探究，分析幼儿在探究活动中可能获得的进展。同时，根据《指导要点》提出的建议，教师有意识地引导幼儿运用文字和符号来记录和总结游戏的过程、想法，形成自己的课程故事，让幼儿感受文字符号在日常生活中的功能和意义，也有利于幼儿做好书写的准备。这些对帮助幼儿在幼小衔接中做好学习方面的准备是非常必要的，为幼儿进入小学储备良好的学习品质和素养。

幼儿园里的新球架

课程起源

　　生活中随处可见的布，引起了孩子们探究的兴趣，在经历了染布、学织布、探秘布的特性、制作布艺手工等活动后，孩子们思考：布能玩吗？在孩子们的游戏世界里，布还可以被用来玩抬轿子、网小鱼、搭房子等各种游戏。一次游戏中的意外，L大叫着："怎么办，布坏了，这还怎么玩呀？"Z："真气人，J，你怎么不抓好布呢？这样没法玩了。"J："我已经抓好了，谁知道Z非要撞过来，不是我没抓好。""对，就是Z把布弄坏了，我们告诉老师。"孩子们的争吵引来了其他小朋友的围观。《指导要点》提出，良好的生活能力是幼儿入小学前必备的生活技能，能为幼儿进入小学后保持良好的身体状况和情绪状态提供保障，为顺利开启小学生活奠定坚实的基础。一块坏布就没有用了吗？我适时提出问题引起孩子们的思考。J："我们能用这块布收拾一些玩具放在柜子里的。"C："还能给小兔子搭个帐篷。"Z："还能玩网小鱼的游戏，抬轿子的游戏也行，就是个子小的才能在里面，不然破得更厉害。"H举起了他的小手："老师，我想这样试试。"孩子们的新游戏开始啦！

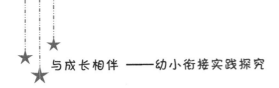

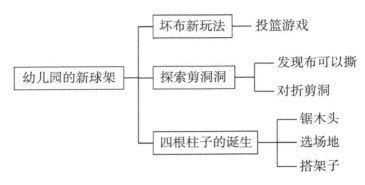

一、坏布新玩法——投篮游戏

在H的安排下，他们把破的布紧紧地贴着布的一角，围成了一个洞，孩子们玩起了自制投篮的游戏。H用已有的投球经验判定投不起来，L迅速地理解到是围起来的布洞小了，于是进行调整。他们都在努力地拉高布条让洞变得更大，知道洞越大越好投。大家在H的引领下，有序地玩投篮的游戏，在反复尝试和探究的过程中积累投篮的经验。直到这块破了的布完全断裂成了一个长布条，H又迅速地缠绕在手上扮演一个骨折的病人，引起其他孩子阵阵的笑声。

中班的孩子已经能够灵活地使用替代物，同一个物品可以根据情节的展开随时替代成不同的物品，实现多功能替代。

二、探索剪洞洞

1.剪洞洞的小意外——撕布大赛

破洞的布没有了，孩子们提出可以剪一个洞继续玩投篮的游戏。剪布时，G惊喜地发现布能撕，于是一场撕布大赛开始了。虽然发现了布能撕的特性，可洞洞能撕出来吗？

2.探索剪洞洞

孩子们开始认真地剪洞洞。洞怎么变成这样了？在如何给布剪洞的过程中，女孩能运用已有的对折剪纸的经验剪布，并且积极地进行同伴间分享互助，把剪洞步骤细心、耐心地教给男孩子。这充分说明她们乐于助人，社会性发展较好。同时，男孩遇到困难不轻易放弃，通过主动模仿同伴，自己解决问题，反复试错、调整。幼儿通过剪洞洞的活动自然而然地感受到对称、折线等概念。中班的孩子能在活动中持续探索，不断探究和尝试，终于学会自己剪洞，具有良好的坚持性的学习品质。孩子们达到了《指导要点》学习准备里学习兴趣的发展目标，能坚持做完一件事，遇到困难不放弃。我继续支持活动，扩大活动空间，让幼儿自选需要的任意材料，让活动区更加开放。来到户外后，孩子们尝试剪更大的洞洞。

孩子们研究了半天也没弄明白原因，于是我问大家：谁画的半圆，谁剪的？从哪里剪的？帮助幼儿梳理剪洞顺序，再次巩固了剪洞的核心经验：对折剪。这时孩子们才意识到分工不明确，于是把最重要的布对折这个步骤交给J。

新的投篮游戏就这样开始了。《指南》指出，幼儿的游戏活动主要指自发、自主、自由的活动。这种活动对幼儿的发展有着重要的价值，能发展幼儿的想象力、创造力和交往合作能力，促进幼儿情感、个性健康的发展。幼儿从一开始的投篮游戏到剪洞时发现布能撕的特性，再到剪洞中有关手工对折剪的知识，都是在互相学习中习得。在新投篮游戏中孩子们的社会交往、分工合作的能力较好，到最后女孩提醒大家收拾物品再玩游戏的画面，说明他们具有良好的学习习惯。

三、四根柱子的诞生

1.锯木头

新的投篮游戏深受大家的喜欢，可今天孩子们为谁抓布的边角，谁先投球发生了争执。G说："我们不想抓角，我们只想玩（投球）。"几个孩子为谁投球、谁抓布的边角等问题发生了争执，有什么好办法解决呢？

大家在交流中一致决定要把布固定住。我提供材质、粗细、软硬不一样的各种管子、木棍供大家挑选。孩子们认真地探索，最后选择用长长的木棍。我为他们准备需要的材料（锯子、安全帽，安全手套），孩子们带着搭建的活动计划，开始了今天的活动——锯木头。

在锯木头的活动中，新工具的出现给孩子们带来了新鲜感。使用中孩子们发现，大人们能灵活地锯木头，但自己操作起来并不简单。孩子们从站着锯到跪着锯再到找支架锯，调整支架的距离锯，幼儿的动作从生疏、间断，到知道用更大的力气，再到借助辅助物连贯地来回锯木头。

真实的材料引发了孩子们实际的操作。依据《指导要点》里学习准备中好奇好问的发展目标，支持幼儿持续的探究行为，提供充足的时间、丰富的材料支持幼儿持续、深入进行探究，寻找问题的答案。幼儿在游戏中收获了一定的生活经验——用锯子锯木头，还在操作中提高了使用锯子的经验，知道锯东西的时候底下再放一个木棍垫高一点更好锯。同时，大家能自发地扶木棍，在互助合作中提高了交往能力。孩子们彼此信任、互相配合，通过劳动获得成就感。

4.选场地，搭架子

四根木头锯好了，孩子们在整个校园里寻找场地，经过深入的调查，孩子们选择了校园后花园里的一块空地。大家倒水、松土、挖洞、埋木棍，将两根柱子的位置固定好后，第三根柱子却出了个问题。H："这个拐弯的地方不是长方形，反而越来越大。"孩子们沉浸在思考中，我在一旁静静地观察，等待了很久，原以为他们会找我来给他们提供尺子或其他测量的材料确定第三根柱子固定的位置，没想到孩子们想到了新的办法。Z："如果搭铲子的方法不行的话，我们就用搭人的办法。"G："铲子不够长。"Z："那我们就用搭人的办法。"Z一边说，一边组织大家一个跟着一个地排队。大家还在他的召唤下反向排队，以此来印证这个"搭人的办法"是否准确。看他们用"搭人的办法"找到了第三根柱子固定的位置。孩子们继续运用排队的方法，加上卷尺的测量，很快地定好了第四根柱子的位置。

活动中大家还发现地面不规则的问题：怎样在地面上展示出一条直线来确定第三根柱子的位置呢？孩子们想到了已有的排队经验。当发现队伍不够长时，孩子们又想到了依次接龙的排队方法来拉长队伍，在探索实践中，最终找到了第三根柱子的位置，解决了问题。作为教师的我只是静静地作为旁观者去观察，尊重他们的想法和观点，追随幼儿的游戏意愿，支持他们通过观察、实验来寻找问题的答案。随着游戏的不断推进，好奇、坚持、专注这些优良的学习品质在他们身上逐渐显现出来。孩子们用掌握的对折剪的经验来剪布洞，并把它固定在球架上。孩子们的投球游戏开始了，看看我们幼儿园里的新球架吧。

《指导要点》指出，把幼儿有浓厚兴趣的问题作为集体讨论的话题，鼓励幼儿分享自己的发现和观点，支持他们进一步的探究想法和行动。幼儿围绕一块意外的坏布进行持续地探索和深入地探究，当布遇上了木棍，两种完全不同功能的自然材料，幼儿进行了完美的组合，搭建出一个新的球架，体现幼儿创造、想象、探究、合作等多种价值。幼儿在与玩具材料的互动中，获得对于环境的掌控感，增强了材料在不同环境

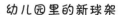
与游戏情境中的适应性，让幼儿体验操控材料带来的满足感和价值感。孩子们在游戏中产生的愉悦感、成就感和自我价值感正是游戏的魅力所在。

陈鹤琴说，幼儿教育是一件非常复杂的事情，不是家庭一方面可以单独胜任的，也不是幼儿园一方面可以单独胜任的，必定要两方面结合，方能取得充分的功效。由此可见，家庭是幼儿园重要的合作伙伴。为了让家长感悟和理解游戏对幼儿发展的重要意义，我们邀请家长走进幼儿园来玩一玩孩子们的游戏。起初家长们拿到布以后无所适从，不知道怎么玩，也有的家长玩了一会后觉得没什么意思。后来我们将孩子们玩布有关的游戏视频分享给家长，同时我给家长做细致的游戏分析讲解，让家长们深切地感受到孩子在游戏中各种能力得到发展，感悟颇深。在交流讨论中家长惊叹：孩子们真会玩！

《指导要点》指出，幼儿园应充分理解和尊重幼儿学习方式和特点，把入学准备教育目标和内容要求融入幼儿园游戏活动和一日生活，支持幼儿通过直接感知、实际操作和亲身体验等方式积累经验，逐步做好身心各方面的准备。游戏中他们将知识转换为生活，从而形成一种核心的价值。孩子们通过实践性的学习方式，以解决问题为导向、以积极情绪为动机、以动手操作为依托、以同伴合作为支撑，其身心各方面得到了全面发展。在一日生活中我们还积极利用直播等形式经常向家长展示孩子在自主游戏中的情况，和家长沟通交流，逐步帮助家长感悟"以游戏为基本活动"的价值所在，引领家长转变幼小衔接的观念。游戏中看见幼儿的学习，家长和教师一起成为幼儿游戏的助力，帮助幼儿做好终身学习的准备，共同陪伴幼儿度过一个多彩快乐的童年！

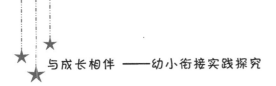
我的花花世界

课程起源

　　生命教育对幼儿来说是个抽象的概念，而自然是一切生命孕育的母体。陈鹤琴曾指出，怎样的环境，就能得到怎样的刺激，得到怎样的印象。我们走出活动室，与自然亲密互动，那片片花瓣，丝丝花蕊，和谐的色彩，美好的姿态、鲜活的生命让孩子在得到审美体验的同时，也开启了一扇探究之门。我们以幼儿感兴趣的"花朵"为探究对象，让他们在最熟悉的自然环境中体验和感悟生命的价值与意义，从而学会珍爱生命、关爱自然。一场与花朵的奇妙故事开始了。

　　"枝间新绿一重重，小蕾深浅数点红"，一场春雨将幼儿园的海棠花打落了一地，孩子们发现后觉得别有一番风味，便自发地捡起花瓣来。"咦，快看！我的衣服上粘了一片花瓣。""哈哈，捡花瓣捡到衣服上了！""好漂亮呀，我也想要！"说罢，就将衣服上的花瓣撕了下来，只见一点淡红的痕迹留在了N的衣服上。"哎呀，你的衣服上有花瓣的颜色！""那是不是小花的血液？""不是，刚刚下雨，小花洗澡了，水还没干就弄到衣服上了。""我知道，那是花瓣里的水分被挤出来了。"

　　一片小小的花瓣引发了大家的思考，幼儿根据自己不同的生活经验，从感知出发，以想象为主要方式，表达出了不一样的观点。

　　《指导要点》指出，幼儿入学准备教育应注重将身心、生活、社会、学习四个方面准备相互有机融合和渗透，促进幼儿身心全面和谐发展。作为教师，此时应该顺应孩子的意愿，支持幼儿深入研究，提升能力。我们和孩子一起收集了关于花朵染色的信息，大家决定试一试"花朵是如何将颜色染到衣服上的？"

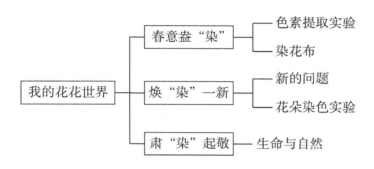

一、春意盎"染"

阳春四月，杜鹃花正艳，一株株花团锦簇，吸引了孩子们的眼球，大家收集了许多杜鹃花。孩子们自备工具，有的带来了榨汁机，有的带来了棉柔巾，还有的拿来了纱布、纸杯、小桶等，大家都尽自己的一份力期待着这场火红的绚染。

实验开始了，孩子们按照步骤进行操作，把花放进榨汁机里，兑上水开始榨汁，不一会儿花汁就出炉了。大家争先恐后地观察着玫红的液体，闻一闻还有花朵的清香。接着，用纱布裹住纸杯进行花汁过滤，一双双好奇的小眼睛紧紧地盯着这个过程。"你看，像红酒一样。""好想尝一口。""不能喝，这是自来水兑的，喝了会肚子疼！""这花也不能吃呀。""快要过滤完了，像下小雨一样，滴答滴答。"孩子们七嘴八舌地描述着自己的所见、所想、所感，在倾听与表达中产生共鸣。花汁提取完毕，最后一步，将棉柔巾放进花汁里，静待片刻，来看看我们的实验结果吧。

第一次实验：棉柔巾被染上了淡淡的红色，颜色不明显，大家并不满意这个结果，讨论是不是水加得太多了。

第二次实验：减少了水量，榨出来的花汁变成浓稠状，棉柔巾染上的颜色明显变

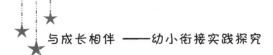

深。"你瞧，棉柔巾颜色变深了！""果然，少加点水就行了。""我还想染，能不能染成其他颜色？""那要去采其他颜色的花了。""我有水彩笔，我来试试。"

第三次实验：一种颜色太单调，想要多一些色彩，便用彩笔画了起来，经过孩子们的创作，一幅绚丽多彩的花布诞生了！

在这一场染色的自主科学探究中，大家发现了植物的身体里藏着各种各样的颜色，有红、黄、紫、蓝等。还有我们的实验中提取出的花汁，他们有一个共同的名字叫植物色素。植物色素可以用来做药、化妆品、水彩笔，还可以染布。说起染布，在我们中国有着非常悠久的文化历史，其中扎染是我国民间特有的印染方法，传承至今已有数千年历史。扎染从工艺到扎结再到浸染都具有丰富的创造性，它一直以自己独特而奇妙的美姿点缀、美化人们的生活。在了解其操作步骤之后，孩子们跃跃欲试，想创作出一幅幅色彩艳丽、变幻无穷的花布。

幼儿在生活中发现花朵不仅有造型美，更有色彩的美。用色彩来进行艺术创造活动，于是便与民间扎染艺术碰撞出火花。在色彩斑斓的花布扎染里，大家体验着图案美、色彩美、形式美，体验着合作游戏探索的快乐，以及由"染"而生的自豪感！

二、焕"染"一新

大家沉浸在姹紫嫣红的花花世界中，感叹色彩带来的惊艳，细数着自己见过的各种花朵：红的杜鹃、黄的雏菊、紫的薰衣草、蓝的满天星、粉的玫瑰。"玫瑰，我还看到过蓝颜色的。""我知道有红玫瑰、白玫瑰。""我还看过七彩玫瑰，可漂亮了呢！""怎么一朵花有这么多种颜色？这些颜色都是自己长出来的吗？"

带着这个问题，孩子们回到家和家人组成了"花朵研究队"，有的在书本上获取知识，有的去小区的花丛中寻找答案，还有的去花店一探究竟。经过一番调查，原来有些花的颜色是自然生成的，有些是通过染色、喷绘等形式形成的新颜色。孩子们带着自己收集到的信息资料，开启了新的探究之路。

《纲要》强调，要尽量创造条件让幼儿实际参加探究活动，使他们感受科学探究的过程和方法，体验发现的乐趣。这一次，我们从花店买来了新鲜的白玫瑰，尝试给玫瑰染上新的颜色。孩子们做足了准备，染色之前将玫瑰脱水一小时。大家分组进行合作实验，每个人分工明确，有的孩子将花的叶子去除，有的把花茎斜着剪短，有的将染色剂挤入空瓶中，还有的负责记录变化。从白玫瑰插入瓶中的那一刻起，孩子们的聚焦点就一直在花朵上，大家仔细地关注着每一朵花的变化。"快看，这朵花的花心开始有淡淡的橘色了！""我们这边好像变得黄黄的了，不是很清楚。""这蓝色瓶子里的花怎么没动静啊。""别急，再等等。""花瓣上出现了一条条蓝色的线。""我们这边也有，线是黄色的。""为什么我们这组红色还没染上去啊？""你看，这朵橘色的是我们组的，真好看。""我们这边的黄玫瑰和蓝玫瑰也很漂亮呢！"随着时间的推移，每个瓶中的玫瑰发生了不同的变化，幼儿发现玫瑰吸水是从花瓣靠近茎的部分最先开始显色，由此得出玫瑰从根部吸收水分后，传输到花茎，再输送到花瓣。"好奇怪，为什么一起染的玫瑰，有的变色了，有的没反应呢？""是不是时间不够？这朵蓝色的吸的颜色好少呀。""我觉得是它的花茎太长了，吸起来就慢。""这红色瓶中玫瑰快死了，它不吸水了。""应该是染料不够多！""要不我们再帮帮它们！"

孩子们围在一起分析、讨论着实验结果，猜测花朵变化不一的原因，在交流中达成初步的共识，发起了抢救计划：花茎长了就剪短，染料少了那就增加染色剂，时间不够大家再等等看。一下午过去了，红色瓶中的白玫瑰依然没有变化，耷拉着脑袋，毫无生气，我们一起向花店老板咨询了原因，原来花朵已经处于脱水状态，不再具备吸水功能。"小花抢救失败了。""你看，有颜色的花朵也好像快干枯了。""色素水对它有伤害，小花要喝清水。""昨天还好好的，今天怎么就快枯萎了呢？""可能我们没照顾好它。"

三、肃"染"起敬

花朵的生命很脆弱，它可能因为一点点染剂加速枯萎，从而凋谢；花朵的生命又很顽强，虽然它离开了根，但依然积极努力地吸收水分，延长寿命；花朵的生命也很神奇，它可以通过人工染剂改变自身的颜色；花朵的生命还很伟大，它可以榨成汁，为大家带来美丽的花布。

小小的一朵花，发挥其最大的能量奉献自然，服务人类。在这场与花朵的亲密接触中，幼儿亲身感受生命的美丽、神奇与智慧，使他们懂得尊重和关爱生命，培养了一颗感恩的心。同时，勇敢面对挑战，努力关注并照顾自己、他人和世界，了解生命的价值和意义，为今后的人生打下了基础。我们都是自然的一份子，珍爱生命，敬畏自然，或许生命的长度无法估量，但生命成长的宽度可以持续充盈。

课程启示

在班本活动中，以花为引，探索自然和生命的奥秘。教师有目标、有预设、有计划，但每一次的安排却被孩子的兴趣点打乱，偏离"轨道"，最终又奇迹般地完成了我们的既定目标。这让我学会了从活动的实施者变成活动的支持者。在实验的过程中，

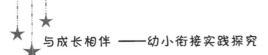

大家合作交流，观察并比较实验结果，以事实为依据质疑，引出新的实验，在讨论中得出结论。每一次的实验给幼儿带来的不仅是学习经验上的提升，更形成了受益终身的学习态度和能力。在探究过程中和同伴交往、合作、亲身试验、操作而得到情感提升，再灵活运用于生活中，将身心、社会、生活、学习四大准备相互融合，帮助幼儿更全面地做好入学准备。

孩子们在一次小小的捡花瓣事件中引发了一系列关于"染色"的探讨研究，在动手动脑的探究活动中进一步形成了积极的科学态度，提升了科学探究能力，获得了丰富的科学经验知识。在美丽的色彩王国里激发了幼儿对美的感受和体验，丰富了想象力和创造力，学会了用心灵去感受和发现美，用自己的方式去表现和创造美并运用于生活。在一次次的激烈讨论交流中，幼儿发挥了自己表达思想的能力，通过语言获取信息，幼儿的学习逐步超越个体的直接感知。在小组合作中增进了人际交往能力，以及对自己、对他人的认识，感受集体的智慧和力量，形成归属感。幼儿达到了身心、社会、生活、学习共同发展的状态，明白了生命的多样性，体会生命的价值。

在其中，教师始终扮演支持者的角色，有时候走在幼儿前面，组织活动、提供材料；有时候走在幼儿的旁边，陪伴他们面对挑战、克服困难、树立信心，在游戏中进入深度学习；有时候走在幼儿的后面，让幼儿更好地认识自己，从而独立成长为有自信、有主见、有能力的学习者和游戏者。

在整个活动的过程中可以发现，教育不是知识的堆积，而是让幼儿在感同身受的体验中"唤醒"内心对知识的定义。因此，多给孩子一些属于自己的时间和空间，充分尊重幼儿的学习方式和特点，让他们在教育中展现自由，展现生命的活力，形成正确的世界观、价值观和人生观；在教师的引导下，让他们生动、活泼、和谐、自主地全面发展。这样的教育不仅为幼儿进入小学做好准备，更能形成受益终身的人生态度和能力。

多姿多彩的叶子

　　九月天气渐渐转凉，周围环境中许多秋天的特征出现了。2020年9月初的一天，孩子们在户外活动时，发现幼儿园树叶上的叶子都飘落下来了，各种各样的颜色和形状。孩子们把捡到的叶子放在手中，左看右看，爱不释手，还互相讨论着。M一边捡一边互相比较着："我捡的树叶是黄色的，还有绿色的。"W立马指着自己捡的树叶："我这树叶长长的，像小船。"Y看着手中的树叶叹息道："我的这片树叶已经卷起来了。"S边摇着小手边说："我的是绿色的，像扇子。""你是哪里找到的小扇子树叶呀？"M问W，"在那里呀，那棵树上有好多这样的树叶呢！"W指着前面的树高兴地回答。这片叶子是椭圆的，那片叶子是细细长长的，那片叶子像个手掌。孩子们你一言我一语，对飘落的树叶充满了好奇。

　　孩子们的兴趣引起了我的思考和关注。作为生活在城市的孩子，接触大自然机会相对较少，在幼儿园有限的自然环境中，孩子们发现落叶并产生了兴趣，这正是一个很好教育契机。让孩子们以直接感知、亲身体验、主动探索的形式去赴一场树叶之约。《指导要点》和《指南》指出，成人要善于发现和保护幼儿的好奇心，尊重幼儿好问的天性，有助于幼儿对周围世界保持持续的探究欲望。同时，成人要充分利用自然和生活机会，引导幼儿通过学习发现问题、分析问题和解决问题，不怕困难，积极主动地学习。

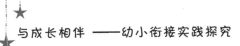

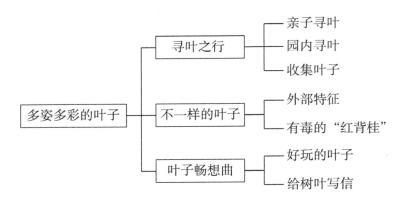

一、寻叶之行

跟随孩子们的兴趣，我们开启了寻叶之行，究竟能否找到自己喜欢的树叶，或者是特别的树叶，对于孩子来说都是"未知"的。家庭是幼儿园重要的合作伙伴。我们要争取家长的理解、支持和主动参与，因此由亲子调查表开启了我们班本的第一个活动。

美好的东西是要一起分享的，孩子们捡到自己喜欢的树叶或者特别的树叶，都会第一时间和自己的小伙伴一同分享，一起探讨。"你看看，我捡到这片树叶像什么？"在相互介绍交流的过程中，孩子们直观学习树叶的种类。活动中孩子相互提问，我及时找到相应实物树叶的网络图片，帮助幼儿梳理琐碎的经验。通过看一看、摸一摸，以及与树叶之间比较的方法，孩子们对树叶有更深的了解，甚至已经知道了常绿叶和落叶的显著区别是什么。

教师尽量利用身边一切可利用的资源，拓宽孩子的视野，扩大孩子认识自然的范围，这样才有利于孩子的发展。我们要接纳、鼓励幼儿对新事物的观察、提问等探究行为，避免简单打断或否定幼儿的奇思妙想。把幼儿有浓厚兴趣的树叶种类问题作为集体讨论的话题，鼓励幼儿分享自己对树叶的发现和观点，支持他们进一步的探究想法和行动。作为幼儿行为的支持者，我们追随幼儿的发现，助推幼儿在运用已有经验的基础上，掌握更多的新经验。

二、不一样的叶子

当然，幼儿和爸爸妈妈一起寻找树叶对于他们来说还远远不够。孩子们对树叶的热情丝毫不减，无论是晨间活动还是饭后散步，孩子们总是不由自主地在幼儿园里寻找着各种自己喜欢的叶子。"秋天的树叶好神奇呀，有的树叶变成黄色的，有的变成红色的，有的还是绿色，大树妈妈一定是一位很厉害的画家吧，要不然怎么能把树叶画得这么漂亮。"教师："你们发现了树叶有不同的颜色、大小不一样，还有什么不一样呢？"M："它们的形状不一样。"教师："那有哪些形状呢？"S："我的叶子像小手一样。"L："我的叶子像孔雀的尾巴。"Q："我的叶子细长形的。"F："我的叶子有点圆。"

《指导要点》提出，分析幼儿在探究活动中可能获得的发展，提供充足的时间、丰富的材料支持幼儿持续、深入进行探究，寻找问题的答案。在后花园让幼儿近距离寻找和观察树叶，带领幼儿接触大自然，参加一些有意义的活动，帮助幼儿开阔视野，积累丰富的感性经验，培养广泛的兴趣。

一次饭后散步时，幼儿园后花园里正面是绿色、背面是红色的树叶一下就吸引了孩子们。M问："老师，轮胎里种的这种树叶两面颜色怎么不一样？"于是，我们的班本主题又来到了新的天地。

通过和孩子们的一起学习，知道了它叫做"红背桂"。然而惊喜不断，与家长一起查阅两面颜色树叶的资料时又有了新发现。孩子们告诉我，红背桂的树叶还是有毒的，摘下树叶那一刻树叶会分泌轻微毒汁。孩子们又引领我探讨有毒的树叶还有哪些，通过学习有毒的树叶，孩子们知道树叶不能随便摘下，这样一节社会教育课就被安排起来。

二、叶子畅想曲

1.好玩的叶子

捡到那么多的树叶，难道就只是让它们变成落叶，然后扔掉吗？显然孩子们并不想这样做，那这些树叶可以用来做什么呢？"老师，我们捡来了那么多不同的落叶，可以干什么？""是呀，能做什么呢？"孩子们七嘴八舌地议论着。

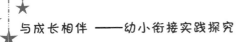

《指南》指出，提供图书资料，让幼儿感受图书的作用，体会通过阅读获取信息的乐趣。我们在阅读区提供了《风中的树叶》《一片叶子落下来》《小树的四季》等绘本故事，孩子们在阅读绘本故事中了解到树叶的用处真多啊，可以当小船，可以做装饰画，可以成为养分。落叶的生态作用对于刚上中班的幼儿理解来说是有难度的，至于如何玩转树叶，孩子们可是一肚子的想法，颜色和形状不同的树叶、颜料、勾线笔、画笔、白纸、固体胶、喷瓶就是孩子们区域活动时的创意材料。有的幼儿在树叶上画画；有的把树叶碎片贴在纸上，拼成一幅画；有的用颜料来帮树叶穿上漂亮的衣服，把涂上颜料的树叶印到纸上，变成树叶贴画；有的把喷瓶喷喷喷，变成树叶喷画。即便桌子上、地上有洒落的颜料我也没有大声喝止，只是轻轻提示整理好即可。

在这一过程中，我们支持幼儿持续的探究行为，分析幼儿在探究活动中可能获得的发展，提供充足的时间、丰富的材料。让幼儿观察常见动植物，引导幼儿用自己的语言、动作等方式描述和表达它们美的方面，如颜色、形状、形态等。孩子们的创意得到施展的空间，并能发现美的事物特征，感受和欣赏美。

即便周末来临，也丝毫不能减弱孩子们对树叶的青睐。家长和幼儿一起去大自然捡落叶，做树叶手环、树叶贴画。周一，他们把画带到幼儿园向小朋友介绍自己的画。孩子们能大胆地在集体面前用短句介绍自己的作品，提高了语言表达能力。同时，让家长参与班本课程的建构中，可以更直观地帮助家长了解幼儿园课程，了解幼儿的发展情况。

2.给树叶写信

当孩子们将一幅幅有完整内容的树叶粘贴画带到学校开心分享的时候，R忽然对我说："老师，可以给树叶写信吗？"我愣了一下说："当然可以，你想写什么呢？"R低下头："我的爸爸妈妈在外地上班，我想和爸爸妈妈一直在一起。"我心里顿时一阵心酸，知道R是想爸爸妈妈了。他的爸爸妈妈在部队工作，从小到大都是爷爷奶奶照顾，这幅粘贴画里没有爸爸妈妈陪伴的身影。M听到R的话立马做出跳绳的姿势："我想画和妈妈一起玩跳绳的游戏。"C摆出爱心的姿势开心地说："我想把花瓶送给爸爸，把花送给妈妈。"Q："我想把花送给爷爷奶奶外公外婆还有爸爸妈妈和哥哥。"听到好朋友的话，W立马说："我想让爸爸送一朵花给妈妈。"Z说："我想和姐姐每天在一起玩。"

孩子们将自己画好的信放在幼儿园各个角落的树叶旁边，随风飘荡。其实，他们是将内心深处的话告诉了一片树叶。

　　活动中，教师鼓励幼儿自主阅读，自主查阅关于树叶的书籍，自发给树叶写信，同时经常和幼儿一起讨论书中内容，培养和加深他们对树叶的阅读兴趣和理解。培养幼儿的阅读兴趣和能力至关重要，因此需要根据幼儿的阅读兴趣和活动提供和更换绘本，并给予幼儿充足的阅读时间，这正是《指导要点》学习准备教育建议中所提到的。

　　孩子们在直接感知、实际操作、亲身体验中感受快乐，乐享生活。自然界中的一草一木都能够吸引孩子的眼球。有效利用自然资源，放手让孩子去接触自然，发现秘密，他们会在不断地经验积累和探究过程中有所收获。兴趣是最好的老师，因此让幼儿喜欢学习、爱上学习，具备一定的学习能力比学到多少知识更重要。

纸和你玩

一次班级美术活动，孩子们一起用餐巾纸展开了一场魔法之旅。孩子们将手里的画笔变成了滴管，在普通的餐巾纸上画出了各种美丽的图案。原来餐巾纸也可以画画啊。这次活动之后，孩子们对于小小的餐巾纸特别地感兴趣，这也就产生了我们中三班本学期的主题"纸和你玩"。

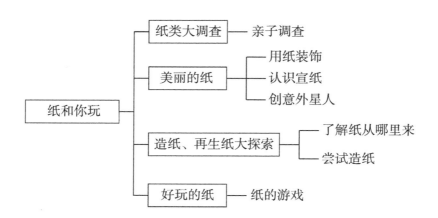

一、纸类大调查

9月底，我班在确立了"纸和你玩"的班本主题后，引导家长和孩子们国庆假期在家完成一个"走进纸的世界"的纸类调查表。孩子们将调查的结果带回了班级，大家通过分享各自的调查结果，发现了生活中各种各样不同的纸类。

在孩子们和家长的共同收集下，我和他们在材料篮里投放了纸金箔纸、蜡光纸、报纸、糖果纸、瓦楞纸等材料。幼儿的兴趣马上被这些色彩各异，大小、形状各不相同的纸吸引了，都想先拿到一张"研究"一下。我决定先给予孩子足够的时间去讨论，让他们有机会去触摸、观察纸的质地。

纸既神奇又有趣，其身上藏着很多的奥秘，不同的纸质地也不同，摸起来的感觉自然也不一样。"有的纸摸起来很光滑，有的很粗糙。""有的纸摸起来软软的，有的硬硬的。""牛皮纸、卡纸比较硬，手工纸和皱纹纸是薄薄的。"

二、美丽的纸

孩子们带来的糖果纸、锡箔纸、彩色纸绳都好漂亮啊，这些纸可以怎么玩呢？一天下午，美工区的一个孩子找出材料盒里的一片树叶，然后将各种各样的彩纸装饰在了这片落叶上面，其他孩子看了都说好漂亮。第二天中午饭后散步的时候，我便让孩子们一起捡拾美丽的落叶，然后用不同的纸进行装饰，就这样普通的落叶在孩子们的手中摇身一变，变得更有生命力。有些孩子还用银色的锡箔纸包裹树枝，孩子们看了以后说"好像外星球的树"。除了用各种纸装饰树叶，孩子们也用彩纸剪出美丽的窗花，用糖果纸折出了各种形态的小人。"宣纸"是用来干什么的呢？有经验的孩子直接说出了"宣纸"是用来画画、写字的。正值深秋季节，经过老师的精心准备和班级各位家长的积极配合，孩子们用墨汁在宣纸上面画下了颜色不同、形态各异的菊花。

自从"外星树"的产生，一些孩子对于外星人一度比较着迷。2021年10月16日，神舟十三号发射升空，早上对航天知识比较入迷的Z小朋友在班里和其他孩子们说起了这个新闻。听到了他们的讨论，我也加入了进去。"真的有外星人吗？""外星球到底有什么？"这两个问题是孩子们最感到好奇的。我让孩子们试着画出自己想象中的外星

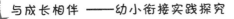

人，然后向大家进行介绍。后来，老师带领孩子们一起用餐巾纸、锡箔纸装饰塑料瓶，一个个五彩缤纷、创意满满的外星人呼之欲出。

三、造纸、再生纸大探索

当孩子们对纸类家族有进一步了解后，似乎对纸的兴趣逐渐减弱了。关注到孩子们的状况，为了更好地挖掘纸的教育价值，我适时提出问题"纸从哪里来"。由于孩子们在小班的时候已经有了"造纸"的经验，但这些都是家长们提前购买好纸浆，而这次我准备让孩子们自己动手造纸。

"老师，我们画画、做手工，做游戏剩下好多纸都没用了，扔掉好可惜啊！"看来孩子们已经认识到节约用纸的意义，更注意到废纸的回收和再利用。《发展指南》强调，要以培养热爱生活作为教育的出发点和归宿。废纸再生是一个很好的契机，能让孩子们在亲身实践的过程中体验习得知识，获得经验，发展能力和态度。"怎样才能把纸垃圾充分利用起来？"对此，我们全班展开大讨论，最终大家有了制作再生纸的创意。

我们将废纸投放到生活区，并提供了搅拌机，引导孩子们相互合作。孩子们将不需要的纸放进搅拌机中，加入水和白乳胶制作成纸浆，然后把纸浆倒入盆中，用滤网将纸屑摊平整，晾干。造纸是一件有趣的事情，也是一件辛苦的事，孩子们深刻感受到纸的来之不易，一定会倍感珍惜。

四、好玩的纸

纸是我们生活中常见的一种东西，平时我们会用纸去画画、做手工、写字、包装物品，其实纸还有很多不同的玩法。在户外活动中，孩子们利用各种纸玩出了不同的花样，有将报纸揉成纸球、卷成纸棍，然后扔、投掷、空中击打；有的孩子将纸盒、纸芯筒、纸棍等材料搭建成太空飞船；还有的孩子将各种材料的纸放进大纸盒中，用纸棒做起了"美食"。

课程启示

纸是中国古代四大发明之一。在日常生活中，我们会用到各种各样的纸，因此幼儿也积累了一些与纸有关的知识。《指导要点》指出，好奇心是终身学习的原动力。呵

护幼儿的好奇心，尊重幼儿好问的天性，有助于幼儿对周围世界保持持续的探究欲望，不怕困难，积极主动学习。中班幼儿凡事爱问为什么，喜欢探究。纸作为日常生活用品为幼儿所熟悉，但这种熟悉仅是对纸的一些感性经验的积累，而对于纸的特性、种类及用途等缺乏系统的认识。

《指导要点》指出，兴趣是最好的老师，让幼儿喜欢学习、爱上学习，具备一定的学习能力比学到多少知识更重要。纸趣无穷，在活动开展的过程中，重视家园合力，家园携手，亲子齐上阵，共同探索和挖掘关于纸的趣味游戏，从中获得知识经验，共享互动、体验、操作带来的快乐。幼儿具有浓厚的学习兴趣和基础学习能力有助于入学后适应不同学科新知识、新技能的学习。在活动实施过程中，起始教师可以放低一些目标，随着幼儿经验不断提高，教师再丰富和完善活动内容。如果活动过程中幼儿有一些自主的创新想法，老师也将予以采纳调整。

玩转石头

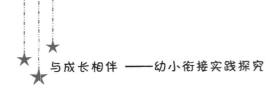

M小朋友带来了假期在外捡的小石头，说要给班级的小朋友们看一看，这些石头有的光滑，有的粗糙，有的艳丽，有的小巧可爱，小朋友们都想要摸一摸。石头就这么有吸引力吗？"瞧，这个石头像一条虫子。""这块石头为什么会是这种颜色？""老师，这是宝石吗？"

孩子们不停地提出问题，在《指南》的解读中，幼儿真正的探索始于对问题答案的追求。幼儿的探究实际上就是对感兴趣的问题通过直接感知、亲身体验和实际操作寻求答案的过程。《指导要点》提出，幼儿对身边的新事物感兴趣，有好奇心和探究欲，喜欢刨根问底，乐于动手动脑。幼儿最感兴趣的是自然的、身边的、熟悉的、生活中的事物，对这些事物的探究最能激发幼儿喜欢探究的学习热情。这将有助于幼儿专注力、坚持性、计划性等学习习惯的养成，使他们进入小学后更好地胜任新的学习任务，且受益终身。

一、探索石头

石头，由碳酸钙和二氧化硅组成，一般成块状或椭圆形，外表有的粗糙、有的光滑，质地坚固、脆硬，可用来制造石器。T："这个石头摸起来很光滑呀，摸得很舒服。"Y："我这块石头很不滑，摸起来会磨手心。"A："我的也是，你看，这块石头还有好几种颜色拼起来的呢！"R："我这块石头只有一种颜色，暗暗的灰色。"为什么有的石头很粗糙，有的很光滑？为什么有的石头有花纹，有的没有，而且每块石头的花纹都不一样。幼儿猜测讨论："石头的材质不一样。""石头生长的地方不一样。""我们能看到石头的外面，但是看不见石头里面。"

我们提供了调查表，让家长与孩子一起探讨石头的独特性。原来，石头所在环境也不一样，质地不一样，河里的石头比较光滑，因为经常受到水流的冲刷，而山上的石头多有棱角且表面粗糙。

"石头可以浮在水面上吗？""我们可以把石头掏空！将石头放在泡沫上，不就可以飘起来了吗！""做一块假石头。"我们查阅了资料，绝大多数岩石密度大于水，自然形状的岩石不能浮在水面，但也有个别岩石密度小于水，是可浮在水面的。此外，密度大于水的岩石，如果被加工成空心，也能浮在水面，其原理是内部结构类似蜂窝状，里面有大量的空气，导致整体比重小于水，所以能浮在水面不会下沉。

想一想，如果石头长时间在水里会怎样？瞧，石头上好像长了一些绿色的东西，这些叫做绿苔，拿出石头后很容易清洗掉，石头一点变化也没有。

听一听石头碰撞在一起为什么会有不同的声音？因为有的石头大，碰撞在一起声音就会大。通过查阅资料，我们知道了密度越大的石头声音越响亮，越硬的石头声音越清脆，形状不同的石头声音也不同，敲击部位不同也会有不一样的声音。

二、玩转石头

孩子们对石头进行了深度探究，同时发现石头在生活中还能有其他的妙用。石头滚画：在篮筐里放入白纸，将石头蘸满颜色投入篮中，双手摇晃篮筐，石头滚动的路线便是最美、最自然的印迹。石头印画：不同石头在纸上都会有不同形状的接触面，孩子们

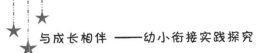

用这种方法拓印作画。石头变变变：孩子们心灵手巧不一样的石头可以组合变成不同的形状。

课程启示

幼儿科学学习的对象都是客观世界，是自然界中的事物和现象。大自然以及周围生活中的各种事物与现象最能引起幼儿的好奇心和探究兴趣，也是幼儿发现事物特征，以及概括、分类和寻求事物间关系等思维活动发生得最集中的领域。根据物体和材料的性质、结构特点、功能用途进行分类，有助于幼儿加深对物体、材料共性和不同特点的认识。

在孩子们的印象中，石头是硬邦邦、毫无生气的代表物。可是科学不同于艺术活动的感知，目的在于观察客观事实，形成科学概念，强调的是"真"。审美感知是对事物外在的形式，如形状、色彩、节奏、旋律等要素及其完整形象的把握，是一种区别于日常感知的，能够揭示事物审美属性的特殊感知。用石头能够打造这么多美好的事物，谁又能说石头是没有鲜活生命的呢？

我们尊重幼儿科学探索的精神，鼓励幼儿在生活中进行多样化的科学活动，在幼儿的一日生活环节中随时渗透科学教育。以幼儿的生活为背景，通过幼儿的自发与随机探究积累科学经验，是幼儿科学学习与科学教育的重要途径。

《指导要点》认为，孩子的好奇好问精神、学习习惯培养、学习兴趣的提升、学习能力的掌握都是入学准备必备的学习素质。教师应创设支持性的心理氛围、贴近生活的探究内容、适宜的材料支持、灵活多样的活动形式，在保证安全的前提下进行生动有趣、有意义的科学探究活动。

蚁趣

课程起源

　　正值三月的时节，幼儿园的土里满是簇簇绿意，孩子们在其中发现了蚂蚁，便开始与同伴一起观察、交流、探讨。从眼前的蚂蚁联想到"蚂蚁的家什么样"，猜想着"蚂蚁的家"会是什么样的场景。可见，孩子们对"蚂蚁"充满着浓厚的兴趣。教师充分挖掘"蚂蚁"和"蚂蚁的家"这两个事物带来的价值，以孩子的兴趣为出发点，让孩子在活动中进行深入的探索和思考。

主题脉络

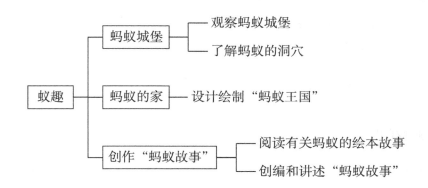

实施过程

一、蚂蚁城堡

为了让幼儿更加直观地观察蚂蚁的日常生活，班级家长为孩子们带来了"蚂蚁城堡"，看见城堡的那一刻他们连连惊叹。W："哇，蚂蚁的城堡太有趣了，里面的是沙子吗？"L："蚂蚁就是在这里面生活吗？"

通过老师的讲解我们知道，"城堡"里的黄色沙巢，是用来模仿土壤的，其在提供给蚂蚁营养的同时也能够模拟土壤带给蚂蚁的感受，让蚂蚁能在我们肉眼可见的地方"打洞筑巢"。

幼儿分组上前近距离观察，蚂蚁进入城堡会有什么反应。Z："小蚂蚁看起来还懵懵的，不知道发生了什么？"H："老师，蚂蚁什么时候开始打地洞啊？"老师："蚂蚁们刚来到一个新的环境，还需要适应，通常会在24～48小时之内开始进行新环境的探索，并逐渐开始打洞，打造它们的地穴。"原来如此，那我们就静静等待吧。两天后，蚂蚁城堡开始动工了，表面平静的黄色沙巢，现在有了一条短短的"隧道"。这条短短的隧道，让我们都能感受到这是小蚂蚁们勤劳的结果。幼儿被眼前的一幕惊呆了！Z："老师，我看到每次都只有两三只蚂蚁来挖洞，为什么其他的蚂蚁不动呢？"W："它们几个的工作就是挖地道吧。"孩子们在观察的同时也不忘激烈地讨论。

蚂蚁城堡对于孩子们来说像是童话般的存在，在他们的眼中蚂蚁的洞穴是各式各样的。通过实际观察、查找各类资料，孩子们对蚂蚁的洞穴也有了进一步的认识。充满童趣、生动形象的绘本故事给予了孩子们科学性的答案。原来蚂蚁的家在地下，也叫蚂蚁王国，是我们看不见的地方，里面有像我们马路一样的弯曲的隧道，连接着一个个"小房子"，这就是蚂蚁的家。

二、蚂蚁的家

L："我也好想有一个蚂蚁王国啊！"Z："就是，我也想做一个小蚂蚁的家。"老师："蚂蚁王国是怎样的？"Q："我知道，有许多隧道。"D："像是迷宫一样。"讨论结束，孩子们自发在班级的材料柜中收集材料，蚂蚁王国有几个房间？房间的用处分别是什么？孩子们变身小小策划员，对洞穴里的每一个部分进行命名分工，亲手打造一个自

己心中的"蚂蚁王国"。"这里是厨房，是储备粮食的地方，因为这里离洞口很近，比较方便。""这里是蚁后的卧室，因为这里是地穴的最深处，蚁后需要安静。""这里可以当作客厅，没事做的蚂蚁可以在这里休息。""这里是第二个卧室！是蚂蚁宝宝休息的地方，要在蚁后的旁边。"

孩子们通过想象、绘制、泥工一系列操作，"蚂蚁王国"终于完工了。他们个个都是小小工程师，建造了一个全新"蚂蚁王国"。

三、创作"蚂蚁故事"

班级在阅读区投放了若干关于蚂蚁知识的绘本。孩子们在翻阅绘本故事中积累了创编故事的经验，并在和蚂蚁相处中产生了许多和蚂蚁的故事。于是，尝试创编"蚂蚁故事"开始啦，童趣的画面，稚嫩流畅的声音，孩子们积极讲解着"蚂蚁故事"。

课程启示

在兴趣的驱动下，幼儿带着好奇心和求知欲，开始探索起"蚂蚁的家"。整个探索讨论的体验过程班级老师更多的是追随孩子，不断支持孩子探索的兴趣。在幼儿充满好奇的脑袋中，对大自然的点滴都有着许许多多的"为什么"。同时，通过直接感知、实际操作和亲身体验，幼儿和蚂蚁互动，将所习得的知识经验变为"亲身实践"，激发幼儿对蚂蚁更多的探索欲和求知欲。

作为教师，应该是幼儿探索世界，走进大自然真实世界的支持者。本次"蚁趣"主题课程捕捉幼儿的兴趣所在，深入挖掘"蚂蚁"的教育价值，让幼儿运用多感官自主学习。在此过程中，他们学会了相互合作，学会了有序地、仔细地观察，体会到了发挥主动性的快乐。"蚁趣"的主题课程，也因为孩子们的创造再次得到了升华。艺术创造在任何一个课程活动里都是最为重要的，这个过程中孩子们能将自己学习到的知识经验通过自己的理解与想象来进行加工，把它们变成真正属于自己脑海里的东西。

同时，活动的开展不仅仅是班级师幼的参与，还得到了家长的大力支持。家长购买蚂蚁科普类绘本、自发带领孩子户外观察蚂蚁，甚至有家长带领孩子在家观察蚂蚁城堡，这些都拓宽了幼儿的视野和知识面，实现了家园共育的目的。

与"蜗"童行，一路向前

2021年的3月，一次雨后的散步，孩子们与蜗牛的偶遇，让大家对这个爬行类小动物充满好奇。H："快来看呀，树上有只蜗牛。"W："哇！它爬得好高！"G："小蜗牛没有脚它是怎么爬的呢？它会不会掉下来呀？"

《指南》和《指导要点》指出，自然的、身边的、熟悉的、生活中的事物，是幼儿最感兴趣的，教师要保护幼儿的好奇心和主动性，接纳和鼓励幼儿对新事物的观察、提问等探究行为。此时，教师提出问题引发孩子们思考：只有树上才有蜗牛吗？教师的提问给予幼儿隐性的支持和指导，延续了孩子们的好奇心和探究兴趣。孩子们像寻宝一样兴奋地在幼儿园的各个角落去寻找更多的蜗牛。孩子们将在草丛里、树叶上找到的蜗牛带回了教室，认养蜗牛，每天观察、喂养、照顾它们，记录它们的每一天。孩子们与蜗牛的故事就这样开始啦！

主题脉络

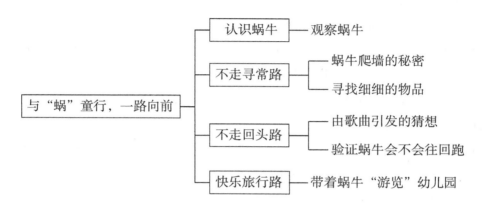

与"蜗"童行，一路向前
- 认识蜗牛 —— 观察蜗牛
- 不走寻常路
  - 蜗牛爬墙的秘密
  - 寻找细细的物品
- 不走回头路
  - 由歌曲引发的猜想
  - 验证蜗牛会不会往回跑
- 快乐旅行路 —— 带着蜗牛"游览"幼儿园

实施过程

小蜗牛来到我们班级做客的这段时间，大家对这个小动物有了更多、更直观的认识。在观察中孩子们发现了许多的秘密。W："蜗牛爬行的时候腹部能分泌白白的黏液。"Y："蜗牛会随着温度和湿度的变化随时休眠。"Z："蜗牛也拉便便，而且它吃了什么颜色的蔬果，就会拉什么颜色的便便。"

一、不走寻常路

5月7日，孩子们在给自己的小蜗牛喂食菜叶的时候，发现有一只蜗牛居然爬到了很高的窗框上，孩子们异常兴奋。J："你们看它爬得这么高，不会掉下来吗？"Z："肯定不会，它有黏液保护它。"有几个孩子忙点头同意。"对，我们上次观察过，它有黏液。""还要有这么大的墙，他才掉不下来。"我连忙提出疑问：墙小就掉下来了吗？"我觉得它会。""我也觉得。""肯定不行，要是太小的东西它不就掉下来了吗？"孩子们说着。教师："哪些东西比墙小？"孩子们在墙壁四周寻找，很快发现了墙边上的门，于是大家纷纷拿起自己的蜗牛放在上面，观察蜗牛会不会掉下来。结果发现蜗牛很稳地黏在上面，掉不下来。G小朋友一边指着门框，一边把蜗牛放在上面，还邀请大家

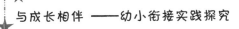
与成长相伴 ——幼小衔接实践探究

都在门框上试试，很自信地说："现在它肯定掉下来。"大家在G的提议下又把各自的蜗牛放在比较小的门框上再次观察，大家七嘴八舌地与同伴分享自己的观察结果。"看，它掉不下来。""它的黏液就像大吸铁石。"在孩子们多次的实验下，发现小蜗牛确实稳稳地、慢慢地爬着。教师继续追问孩子："为什么小的东西它也能爬得起来？""它的黏液真的这么厉害吗？"

孩子们疑惑着回到教室里，又把蜗牛拿出来进行观察，发现它的腹部有一块肉肉的部分，这是什么呢？于是，我带领孩子们查阅资料，知道了这个肉肉的部分叫腹足，它就像一个吸盘，蜗牛才可以牢固地吸在物体上爬行，黏液就是腹足分泌出的，起着保护腹足、有助爬行的作用。哦，原来不是黏液厉害，腹足才像大吸铁石呀！"蜗牛的腹足真厉害！"孩子们惊叹地说。

小班的孩子根据自己已有的生活经验能够对物体的大小有明显的判断，他们寻找并进行探索尝试，认为小一点的物品肯定会让蜗牛掉下来，经过多次探索虽不成功，但兴趣一直比较浓。老师带领幼儿一起查找资料对蜗牛的外貌特点予以一定的认知与了解，收获了蜗牛腹足吸附性很强的经验。

N提出了新的问题："小蜗牛是不是爬在小一点的东西上就会掉下来呢？"Z："不是小一点的，是要细一点的东西。"H："对，那个墙太宽了，换细一点的。"H激动地用手做了一个墙太宽的样子。教师继续追问幼儿："哪些东西是细细的？"孩子们开启了一场寻找细细物品的风暴。他们把班级里能看到的东西逐一排查，有细细的树枝、丝带等，孩子们还细心地发现了老师办公桌上的手机充电线，此外还有一些自己想到的细细物品逐一罗列了出来。

探寻小蜗牛的爬行之旅开始了，细细的电线可以，细细的树枝也可以。孩子们经过自己的预测——实验——得出结论，纷纷惊叹于小蜗牛腹足的吸附力无比强大，更感叹于小蜗牛的勇敢，无论是宽宽的墙面，还是细细的绳子，小蜗牛都慢慢地、稳稳地爬行。

蜗牛在细细的物品上到底能不能爬行？幼儿能大胆提出问题并进行讨论，充分表达自己对蜗牛的好奇。幼儿在活动中迁移出了对宽细物体基本形状的辨别，在与同伴的交流中也获得了互相学习的机会，在动手操作中更加深入全面地认识了蜗牛，满足了他们的好奇心和求知欲。《指南》指出，幼儿科学学习的核心是激发探究兴趣，体验探究过程，发展初步的探究能力。成人要充分利用自然和实际生活机会，引导幼儿通过观察、比较、操作、实验等方法，学习发现问题、分析问题和解决问题，帮助幼儿不断积累经验，并运用于新的学习活动，形成受益终身的学习态度和能力。

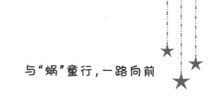

二、不走回头路

孩子们在和小蜗牛相伴的日子里，学习了很多与小蜗牛有关的儿歌、歌曲。《小蜗牛》的歌曲深得孩子们的喜爱，当唱完这首歌的最后一句歌词：我从来不回头，不回头。孩子们还沉浸在音乐的旋律里。老师："歌词里唱的'不回头'，不仅表达小蜗牛的头部不往后面转动，还表达小蜗牛不往回爬的意思。"这时 H 小朋友高高举起他的手说："不对，老师，我们观察的小蜗牛它是回头的啊!"这时大家全都安静了下来，紧接着性格外向的 Z、N 几个小朋友也发表意见说，小蜗牛好像是会回头。其他的很多孩子也纷纷附和"对，小蜗牛回头，我看见过的。"孩子们的话引起了我的注意，于是请大家把蜗牛拿出来再次仔细观察。

1.小蜗牛会不会往回爬？它是往哪爬？

第一次观察小朋友们发现蜗牛确实不往回爬，只按照自己的意愿向前爬，孩子们对这个奇特的现象充满了好奇。H："老师，我有办法。可以在它的前面再放一个蜗牛挡住，它就会往回爬。"

2.用东西挡住它，就会往回爬吗？

孩子们用一次性的杯子、书本、笔和胡萝卜等阻挡蜗牛爬行的路。"我觉得它可能会绕过去再爬。""我觉得它爬过胡萝卜。""它有可能会往回爬。"孩子们一边谈论着，一边继续添加各种材料阻隔蜗牛爬行的方向。通过观察、猜测、操作后，幼儿对蜗牛爬行方向的结果有疑惑、有预测、也有肯定。大家发现，小蜗牛虽然被东西挡住了，但是却不往回爬，从而获得宝贵的直接经验。同时，我继续追问："还有别的方法让它往回爬吗？"J："我们的东西太矮了吧？所以它不往回爬。"Z："我们把它放在高高的电视机上。"

3.高的地方会往回爬吗？

孩子们寻找教室里高的地方并继续观察小蜗牛爬行的路线，有的把椅子架在了桌子上，有的用积木搭了个高高的房子，有的把蜗牛放在高高的电视机上等，以此来观察蜗牛往哪个方向爬，以及会不会回头爬。孩子们在探索后惊喜地发现，小蜗牛确实不往回爬，歌曲唱得不回头是真的。

此时，小班的孩子们通过它们深度的观察和探究告诉大家，小蜗牛都是一直向前爬，慢慢地向前爬。

三、快乐旅行路

歌曲里唱的快乐的小蜗牛要去旅游，我们的蜗牛怎么办呢？孩子们异口同声地回

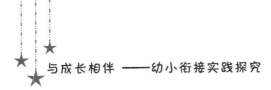

答：带着蜗牛去旅行。于是，孩子们带着自己的小蜗牛在幼儿园的各个地方旅游、玩耍。在观察的过程中，孩子们感受到蜗牛爬得真的特别慢，可他们表示自己一点也不着急，还很暖心地告诉我，"没关系，我可以等等它"。

孩子们一句脱口而出的话语可以看出幼儿与小蜗牛建立了深深的情感连接，也让我们感受到他们对小蜗牛满满的爱心和耐心。

课程启示

幼儿有着喜欢接触大自然，对周边的事物感兴趣的年龄特点。《指导要点》指出，好奇心是终身学习的原动力，幼儿的好奇好问，正是他们对自然世界的认知过程。大树上一只慢慢爬着的小蜗牛引起了孩子们的好奇，在教师的支持下幼儿从寻找蜗牛、学习照顾蜗牛、饲养蜗牛中初步认识蜗牛。在探秘蜗牛的活动中，幼儿大胆猜想并表达，从不走寻常路——不走回头路——快乐旅行路的一系列实验活动，拓展了幼儿对蜗牛习性的认知经验。当幼儿发现蜗牛分泌黏液、一直往前爬等奇妙的现象时，教师尊重幼儿好奇好问的天性，以孩子们发现的问题为导向，为幼儿提供各种材料，如不同粗细的绳子、树枝、丝带、笔、纸杯等物品，创设宽松的环境支持幼儿持续、深入地进行探究，培养幼儿养成动手动脑、寻找答案和解决问题的能力。同时，幼儿在持续探究的过程中体现出的专注力、坚持性等学习习惯，也为幼儿顺利开启小学生活做好学习准备。

别有"洞"天——泡泡

"秋游的时候你们想玩什么游戏?""老师,我想在赭山公园玩滑滑梯。""老师,我想在那里吹泡泡。""我想玩荡秋千。"秋游的时间有限,我们只能选择一个最喜欢的游戏。"老师,我们举手投票吧,以前也是这样选最喜欢的零食的!"最后,孩子们举手最多的是"吹泡泡"。根据孩子们的兴趣,我们决定了本次秋游的游戏。游戏确定了,那我们用什么工具吹泡泡,泡泡水从哪里来呢?

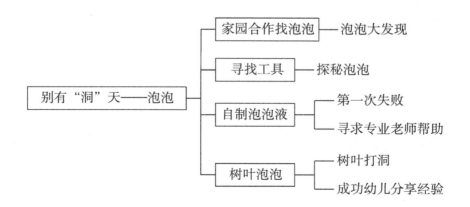

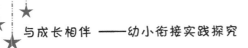

实施过程

一、家园合作找泡泡

生活中，你在哪里见过泡泡呢？带着小问号一起找找吧！Z："洗澡的时候见过！"S："看奶奶冲豆浆的时候会有泡泡！"M："洗手的时候会有泡泡，还有刷牙。"Q："泡泡机里有泡泡。"Z："可爱的小鱼、小螃蟹会吐泡泡的！"

二、寻找工具

除了泡泡器、生活中的泡泡，还可以用哪些工具能制造美丽的泡泡，看看小朋友都找到了哪些工具吧？很快孩子们在教室里找来了各种不同的材料，如漏勺、玩具、剪刀、竹篮等。教师："为什么要找这些东西呢？能吹出泡泡吗？""老师能吹出泡泡，肯定能！"小朋友坚定地回答。教师："是吗？你怎么知道会吹出泡泡的？"K："因为它们都有洞洞呀！不信你试试！"

三、自制泡泡液

W："老师，班里没有泡泡水，怎么办？"Y："可以自己做泡泡水！""泡泡水怎么做呀？"C疑惑地问。把肥皂放在水里、妈妈洗碗用的洗洁精、洗发水，孩子们七嘴八舌地讨论着。

1.问题出现

"老师你看我的泡泡水，泡泡只有一点？""我有好多泡泡，怎么就吹不起来？""那怎么办？"孩子们发现做出的泡泡液吹得泡泡并不坚固，刚出来就破。第一次实验失败了，但孩子们没有因为失败而放弃，兴趣一直延续。

2.问题如何解决？

于是，幼儿开始寻求他人的帮助。教师："为什么吹不出泡泡，是不是方法不对，还是缺少什么材料呢？"专业老师的解答是，洗洁精加入白糖和胶水会使泡泡更加坚固。

3.成功解决问题

于是，孩子们将洗洁精加入白糖、胶水里开始实验，猜一猜他们的泡泡水能成功吗？孩子们迫不及待地拿着自己寻找的工具，试着吹出。"老师快看，我吹出了泡泡！"

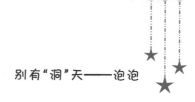

"成功了，我吹出了又大又漂亮的泡泡，真开心！"小朋友们高兴地笑了起来。

四、树叶泡泡

秋游可以吹泡泡喽，但问题来了，吹泡泡工具公园里没有，怎么办呢？Z："我们可以在公园里找呀！"教师："那你想用什么来吹泡泡呢？"最后孩子讨论的结果是：选择树叶。教师："找到的树叶又没有洞洞怎么吹泡泡呢？"D："去找有洞的树叶。"Z："我们给树叶剪个洞。"D："我知道，美工区有打洞器，可以打洞。你看我用打洞机在叶子上用力一按，就有一个小洞洞了。"

原来打孔机加树叶就可以得到一个吹泡泡的洞洞，真神奇！孩子们都想尝试，于是拿起树叶和打孔机开始制作洞洞了。

1.*开启探索之旅*

孩子们带上自己做的泡泡水和树叶一起去秋游啦！"你看，我用树叶吹出了大泡泡。""我吹出的泡泡在树叶上。""我用树叶吹了好多个小泡泡。"

2.*遇到问题*

"为什么我的吹不出来呢？"有的小朋友成功了，有的还没有成功，这是为什么呢？吹出泡泡的小朋友来分享一下吧。H："我的树叶像吹泡泡工具，有个洞。"L："我的树叶是放到泡泡水里面的，树叶变得湿湿的都有泡泡水了，就可以吹泡泡。"Y："树叶上的洞不能破，要有一个大洞就可以吹出泡泡。"M："你要轻轻的，就像我一样，呼……"

2.*再次实验*

成功的小朋友分享了自己的方法，我们一起再来试一试。这次我们要找到一片能够放进打洞器的树叶，然后在树叶上打上一个洞，沾满泡泡水，轻轻地吹，这样树叶就可以吹出泡泡啦。

3.*总结经验*

要想吹出泡泡必须带有洞洞，握姿要正确，吹泡泡的时候要轻且慢。

刚入园的孩子们各方面的能力在我们看来都相对较弱，但是作为教师要相信孩子的学习和发展，积极给予幼儿展现自己奇思妙想的平台和机会。本次活动教师把确定

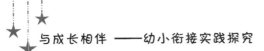

秋游游戏的机会给幼儿，从孩子们的回答可以看出，小班幼儿的语言表达能力并不是很好，但是也有能力较强的幼儿说出了自己感兴趣的游戏。在投票的环节，班级一大半的幼儿都参与进来，可以看出孩子们是很想参与本次游戏征集活动的。《指导要点》提出，幼儿要乐于思考并敢于表达。作为幼儿学习发展的支持者，教师要鼓励幼儿大胆说出不同的想法，并且接纳不同的观点，在和而不同中进步。

家庭是幼儿园重要的合作伙伴。家园合作能为幼儿热情投入互动提供相关知识和材料等的支持，助推活动顺利开展。通过家园合作寻找泡泡，孩子们对泡泡有了初步的了解，并发现除了泡泡器吹出来的泡泡，洗澡、洗手、冲豆浆、泡腾片放在水里有泡泡，爸爸爱喝的可乐里也有泡泡，水煮开了会冒泡泡等，泡泡就在我们身边，只要有一双发现的眼睛，就能发现很多。

班本课程"别有洞天——泡泡"暂告段落，孩子们的奇思妙想、越发连贯的语言表达、积极大胆的探索操作，都让我无比感动。在这个"旅程"中，孩子们不仅学会了积极观察身边有趣的事物，还主动去探索、了解周围的一切。在创作过程中，他们探索奥秘，通过发现、思考和参与获得知识，在猜想、尝试和体验中获得成长。《指导要点》指出，我们鼓励幼儿对新事物的观察、提问等探究行为，提供充足的时间、丰富的材料支持幼儿持续、深入进行探究，寻找问题的答案。

在科学探究中应"支持和鼓励幼儿在探究的过程中积极动手动脑寻找答案或解决问题"。在制作泡泡液的过程中，幼儿对泡泡液的制作有各种设想，我没有否定孩子的想法，而是倾听孩子有趣的发现和问题。在遇到失败的时候，帮助孩子在已有的经验上解决问题，不仅积累了关于泡泡的经验，更发展幼儿发现、分析、解决问题的初步探究能力。

本次泡泡课程给小班的孩子们一次接触科学探究的机会。同时，活动中师幼互动、幼幼互动可以帮助幼儿消除分离焦虑，使他们更喜欢幼儿园，乐于成为幼儿园的小主人。

与鼻涕虫的邂逅

课程起源

2021年3月14日阴转晴，孩子们在潮湿的操场上发现两位不速之客，他们争先恐后地想要去见见。孩子们自发地围在一起观察着、讨论着。这只大虫子到底是不是蜗牛呢？Z："哇，虫子！"W："是脱了壳的蜗牛。"T："我觉得像蛇。"F："是鼻涕虫！我认识！"Y："我觉得像螳螂。"

幼儿对鼻涕虫的出现充满好奇，还对鼻涕虫与蜗牛之间的联系充满兴趣，这正是"亲近自然喜欢探究"的表现。教师抓住此契机，保护幼儿的好奇心和主动性，鼓励幼儿寻找答案。《指导要点》提到，好奇心是终身学习的原动力，呵护幼儿的好奇心，尊重幼儿好问的天性，有助于幼儿对周围世界保持持续的探究欲望。在观察和探索鼻涕虫的活动中，幼儿始终保持好奇心和主动性，并乐于分享自己的发现和观点。

主题脉络

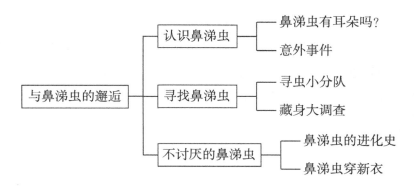

一、认识鼻涕虫

我们将两只小生物带回班级，大家对它们有不同的认识：R："蜗牛两对触角，这个虫子也有。"F："一碰触角它就会缩回去，跟蜗牛一样。"M："我知道，触角上面就是它的眼睛。"X："下面的触角是它的耳朵吗？"H："蜗牛没有耳朵，这个虫子也没有。"

鼻涕虫有没有耳朵的问题，让幼儿分成了两队，有的认为鼻涕虫身上的小孔是小耳朵。于是，我们决定试一试。"那你们有什么好办法来证明鼻涕虫有耳朵呢？"F："喊一喊，如果有耳朵它就会向我爬过来。"Y："给它听很大的声音，有耳朵它就会找安静的地方，没耳朵就不动。"M："我想给小虫子听我们睡觉的音乐，如果它有耳朵，就会睡着。"

通过尝试，孩子们发现不管好听的声音还是吵闹的声音，鼻涕虫都没有反应，于是得出了统一的答案，鼻涕虫听不到声音，是没有耳朵的。为了验证结论，我们在网上找到科学视频，了解到鼻涕虫和蜗牛一样是没有耳朵的，听不到声音。为了便于观察，我们将两只小生物放在一个盒子，突然T小朋友发现小蜗牛不见了。这是怎么回事呢？T："小蜗牛是它的宝宝吗？"R："大虫子在保护小蜗牛吧。"H："大蜗牛肯定很喜欢小蜗牛吧。"Z"你看，它流泪了。"

大家逐渐意识到不对劲，大虫子不是在保护小蜗牛，它是在吃小蜗牛。两分钟过去了，小蜗牛最后只剩下了空壳，而大虫子在旁边一动不动。R："我有点伤心。"F："让他们回家吧。"经过大家同意，小朋友们还是决定放鼻涕虫回大自然的家。

这只大虫子是不是蜗牛呢？通过观看视频解析，我们了解到大虫子是鼻涕虫，又称蛞蝓，是一种软体动物，外形很像没有壳的蜗牛，体表呈暗黑色、暗灰色，有两对触角。回想起与它的初次见面，我们还没好好认识一下，还会见到鼻涕虫吗？

二、寻找鼻涕虫

于是，寻虫小分队就开始了。鼻涕虫会在哪儿呢？有了第一次的经验，小朋友们进行了讨论："鼻涕虫应该会躲在潮湿的地方，有水的地方。""躲在草丛里、泥土的下

面。""还会在墙上出现。"

既然了解了幼儿园哪里会有鼻涕虫,那我们开始寻虫行动吧。捉虫的工具当然不能少,我们在美工区找到了小木棍、吸管、黏土盒,还有家用的小铲子,这些材料可以保护我们的小手。

什么也没有找到!这是为什么呢?Z说:"太阳太大了,鼻涕虫回家了。"T说:"太阳太大了,土太硬了,找不到。"F说:"鼻涕虫喜欢下雨天出来。"

带着装备在幼儿园里经过一番寻找,孩子们发现炎热的天气鼻涕虫不容易找到,于是联想到自己天热的时候会在哪,进而迁移至鼻涕虫。

幼儿园里没找到,扩大范围,鼻涕虫还会躲在哪?我们将问题带回家,与爸爸妈妈一同寻找鼻涕虫,发现公园的草地上、潮湿的地下室、下水道的附近都会有鼻涕虫出没。可是小朋友白天在雕塑公园里却没发现鼻涕虫,这是怎么回事呢?小朋友们很快发现了,鼻涕虫喜欢阴凉潮湿,白天太阳很大,鼻涕虫是不会出来。

三、不讨厌的鼻涕虫

在与鼻涕虫的近距离接触后,孩子们产生了不同想法。Q:"鼻涕虫看起来好恶心呀!我还是喜欢小蜗牛。"M:"对,它身上黑乎乎的,黏黏的。"T:"那鼻涕虫和蜗牛长得很像,你讨厌蜗牛吗?"在《不服输的鼻涕虫》绘本中,我看到了不一样的鼻涕虫,它很坚强、很勇敢。而且,鼻涕虫原来在很久很久之前是由蜗牛进化而来的,现在的鼻涕虫已完全没有背壳,身体有黏液、颜色偏深,称为蛞蝓。K:"鼻涕虫这么努力,才脱掉了,我不讨厌鼻涕虫了。"M:"鼻涕虫看起来很勇敢的!"孩子们还给鼻涕虫穿上新衣服。Y:"我这只鼻涕虫是黄色和蓝色的,它还有很多好朋友,有小花和蝴蝶。"T:"我的鼻涕虫身上有条纹和波浪,它喜欢在水边玩游戏。"R:"我的鼻涕虫跟我一样穿着波点的衣服,它都不怕晒太阳了。"

在欣赏科普绘本后,我们了解了鼻涕虫的进化史,发现鼻涕虫的勇敢与坚毅,对鼻涕虫有了不同的情感变化,从讨厌到学会欣赏。每个小生物都是独特的存在,它们有着不同的面貌、不同的作用,我们要学会尊重每个个体,学会欣赏每一种美。期望我们下一次的相遇、期望你能获得更多的温暖。

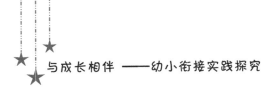

课程启示

　　幼儿有着与生俱来的好奇心与探索欲望。小班幼儿喜欢接触自然，对周围的事物和现象感兴趣。当鼻涕虫和蜗牛两个小生物引起幼儿浓厚的兴趣时，我选择与幼儿站在一起，重新认识这个小生物。在面对鼻涕虫有无耳朵的问题上，幼儿结合对蜗牛的了解进行猜想，经过小组实验验证，得出统一结论，一致的结果让小班的幼儿获得了成就感。幼儿与同伴一起讨论和分享自己的发现，也促进同伴间相互学习，体验到合作的乐趣。

　　《指导要点》指出，幼儿具有浓厚的学习兴趣和基础学习能力有助于入学后适应新知识、新技能的学习。正是因为幼儿对鼻涕虫和蜗牛的兴趣，才会有后续的持续性观察，幼儿发现鼻涕虫与蜗牛的相似与不同之处，并运用已有的直接经验和感性认识发现鼻涕虫与环境之间的关系，形成对鼻涕虫生活习惯的新经验。我作为幼儿的支持者和引导者，为幼儿提供材料、工具的帮助，与幼儿共同观察、共同发现、共同成长。但是，在探索鼻涕虫和蜗牛的共生问题上仍存在一定的遗憾，在有条件的情况下还是可以鼓励幼儿共同饲养蜗牛和鼻涕虫，通过对比饲养，发现生物之间的竞争关系，感知生物的多样性与独特性，促进幼儿持续性探究能力的发展。

综合准备

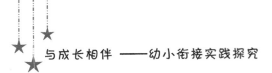

家园社携手，让幼小衔接从小班开始

课程起源

　　对于大班家长而言，"幼小衔接"是最关注的问题，经常会询问：孩子注意力不集中怎么训练？坐不住该怎么办？经常忘带东西该如何是好？《指导要点》指出，帮助幼儿科学做好入学准备，应将入学准备教育有机渗透于幼儿园三年保育教育工作的全过程。对于小班孩子而言，幼儿园是他们接触的第一个社会性集体生活，在这个集体中他们将逐步拥有健康体魄、积极心态、良好习惯等基本素质。这恰恰与《指导要点》的四大准备内容相吻合，所以理想的幼小衔接应贯穿整个学前教育，从小班开始培养幼儿扎实的综合能力和良好的生活、学习习惯。当然，孩子综合素质的发展不仅只是幼儿园一方完成的，而是家、园乃至社会等多方力量协同完成的。基于此，小班开展一系列家园社三方协同的入学准备活动，实现从幼儿园到小学的顺利过渡。

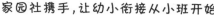

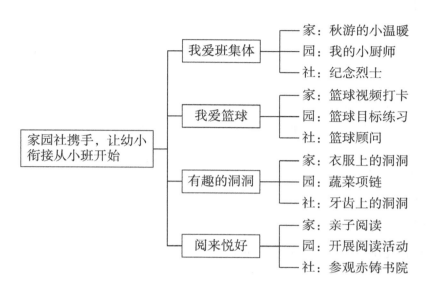

一、社会准备——我爱班集体

在我们班里处处都充满了小小惊喜和温暖，每逢节日老师都会给我们准备专属的惊喜小礼物，这让我们期待每一天入园的时光。老师的爱也感染着爸爸妈妈。有一次秋游，中途突然下雨了，大家都没有准备雨伞，也无处躲雨。我们急中生智寻找书包、报纸、塑料袋、餐布作为"雨伞"用来挡雨，可雨越下越大。正当大家焦急懊恼时，一位身披蓝色雨衣的"超人爸爸"骑着电动车送来了三十件雨衣。这一刻，我们每个人的眼睛都亮了，开心地穿上雨衣，在其他小朋友羡慕的目光中进行了一场别具一格的秋雨游。原来雨中的公园这么美，晶莹的小雨珠落在叶子上欢快地跳舞，叶子宝宝也舒舒服服地洗了澡，显得格外翠绿动人。我们还看见了不常出现的小蜗牛，老师说小蜗牛最喜欢下雨，我们也喜欢下雨，因为下雨天可以踩水坑。你瞧，我们穿着雨衣

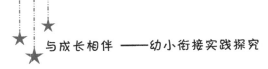

的集体照笑得多开心!

在我们感受着大人给予我们的爱时,我们也学会了爱别人。临近清明节,老师说,清明节是我们中国的传统节日,我们要和家人一起怀念那些给予我们幸福生活的人,同时这一天我们还可以踏青、吃青团。我们邀请了一位"厨师阿姨"教我们制作青团,大家分工明确,有的制作青团馅,有的制作青团皮,还有的包青团。在老师和厨师阿姨的帮助下我们学习和面、揉面、称重、擀皮、制馅、包馅,一切都在紧锣密鼓中进行,做好后送到厨房蒸一蒸,香喷喷的青团就做好。最后用刷子和食用油为青团穿上亮亮的外衣,再用保鲜膜小心翼翼地包裹好就完成啦!瞧,我们做的小青团多可爱,我们还把这份香甜分享给了幼儿园里其他的老师和哥哥姐姐们。最后,留一些青团送给牺牲的解放军叔叔们,是他们用生命保卫着我们的祖国,让我们的生活幸福又美好。

二、身心准备——我爱篮球

《指南》指出,促进幼儿身心健康发展是幼儿阶段的首要任务,同时也是其他领域学习与发展的基础。因此,着重将幼儿的身心发展放在首位,遵循小班幼儿的年龄特点和身体发展规律,创设一系列钻爬跑跳游戏,开展趣味运动会及体育达标赛等活动,带领孩子积极运动,快乐运动,爱上运动。在一次晨间活动时,孩子们看到哥哥姐姐正在拍篮球。R:"1,2,3,4,5……我都数不过来了。"D:"哥哥姐姐的篮球拍得真好!"Y:"我也会拍篮球哎,可惜我现在没有篮球,不然给你拍一个看看。"M:"我家有,明天我带来给你拍。"

几位小朋友对篮球产生了兴趣,教师饶有兴趣地找中班孩子借了一个篮球来,只见孩子们争先恐后地拍了起来。"哎呀,这篮球怎么老跑呀!""让我来试试!"

就这样,我们的晨间活动兴起了一场"篮球风"。第二天,孩子们从家里带来各种各样的篮球拍一拍、滚一滚、抛一抛,探索着篮球的各种玩法。在专业篮球顾问的帮助下,师幼共同制订了每两周一个小目标的《篮球练习计划》。暑假期间,我们仍要坚持锻炼,养成良好的运动习惯,每当完成一个小目标,请爸爸妈妈给我们拍视频上传到班级群内,大家共同进步!

三、生活准备——有趣的洞洞

小班幼儿在生活中,已经能够逐渐运用多种感官去感受周围生活的事物。教师要及时抓住幼儿的兴趣点,从生活出发,引导幼儿在系列探索活动中深入了解身边的事物,关注生活健康,学会自理,喜欢劳动,逐步提高生活自理能力。正如《指导要点》的建议所述,较强的生活自理能力有助于幼儿做好入学后学习和生活的自我管理和服务,增强独立性和自信心。

"洞洞"一直是幼儿最好奇的事物之一,在"洞洞"里面究竟藏着什么呢?让我们一探究竟吧!"你瞧,玩具上有洞洞!""操场上有洞洞。""衣服上也有洞洞。""好多洞洞呀,这些洞洞都是有什么用的呢?"在和老师、同伴一起学习的时候发现,原来衣服上的洞洞是为了让小手小脚能够钻进去,这样我们就能穿上衣服啦。如果我们能在纸上创造出洞洞,也能做成漂亮的衣服。

"我们身体上也有洞洞耶!""嘴巴就是一个大洞洞。""哎呀,你牙齿上怎么还有洞洞啊!""那里面住着小虫子吧。""不对,那里面是小虫子的便便。""那虫虫是怎么进去的呢?""可能是大风吹进去的。""是吃糖吃的。""是我们晚上睡着的时候悄悄爬进去的。"到底虫子是怎么进去的呢?我们一起来到了口腔医院,医生带我们每个人检查了牙齿,还通过实验告诉我们牙齿是怎么产生洞洞的。原来是我们每天吃很多东西,但却没有好好刷牙,不注意牙齿健康导致的。今天回家可要好好刷牙,注意饮食健康,我可不想漂亮的牙齿上多出一个黑洞洞来。

除了我们发现的洞洞,还有一些洞洞是我们自己动手创造出来的。瞧,我们种植的萝卜成熟了,还有隔壁班的小朋友们也收获了其他蔬菜,让我们一起来做蔬菜项链吧!早晨来到班级,在老师的带领下我们认识了各种各样的蔬菜,我们将各种蔬菜洗洗干净,拿着儿童专用小菜刀模仿家人做菜的样子将各种蔬菜切块。然后,学习把棉线穿进针眼里打个结,用玩具针在蔬菜宝宝身上打洞洞,再将一块块蔬菜串起来变成一条漂亮的蔬菜项链。回到家,我们将蔬菜项链送给最爱的家人,自己动手制作的真是又好吃又好玩。

四、学习准备——阅来悦好

从小,我们就喜欢听爸爸妈妈讲故事,故事里那些光怪陆离的世界真奇妙。长大后,我们知道了爸爸妈妈的这些故事都是从书上看来的,我也要去看一看书是什么样子的。只要我们有需要,老师和爸爸妈妈就会全力支持我们。今天我们来到了赤铸书院,一进门只见一位管理员阿姨,戴着麦克风,亲切地和我们打招呼并详细地给我们介绍了书院,各种各样的书本、整齐的书架、电子阅读器、还书车、朗读亭、借阅机器人。原来书院里除了有书,还有这么多科技设备,这些设备的作用就是为了让我们更好地阅读。听完介绍,我们迫不及待地去选择自己喜欢的书和小伙伴一起分享。在阅读时我们还学会了一些书院的规则,如不能大声说话,要安静阅读,但由于我们个子不高,够不着高高的书架,看完的书就把放到还书车里,管理员阿姨会送书本回家的,等我长大了,我就可以自己还书啦。如果你有想带回家看的书,一定要到借阅机器人那里去登记。书是我们人类宝贵的财富，大家一定要好好爱惜它们。

在我们芜湖，可不止这一家书院哦。每个小朋友都去找了找，发现芜湖增设了许多大大小小不同的书院。周末，我就黏着爸爸妈妈带我去书院逛逛。老师也很支持我们阅读，不仅班级有"图书角"，幼儿园里还有绘本馆，会经常开展一些阅读活动，如亲子读书打卡、寻找绘本里的小元素、制作专属小绘本、绘本分享节、猜书名游戏等。原来，阅读不仅仅只是一味地看书，还可以有各种各样的阅读游戏。学习可以有这么多种方式，这让我们觉得真是快乐又好玩！

进入幼儿园的小班孩子，是第一次独立步入集体生活，第一次适应全新环境的人生历程。对新环境的焦虑更多的是来自家长，他们不了解新的环境孩子是否适应，新的环境对孩子是否有益，在这样的担心下他们的焦虑情绪直接影响着孩子们。我们坚信只要有爱，这样的焦虑情绪自然就会消除。作为教师，我们准备专属的惊喜小礼物，让幼儿期待每一天的入园时光。每次开展活动及时反馈给家长，让家长了解孩子的在园生活。家长看到孩子爱上幼儿园，他们的心情也就放松愉悦。爱是互相转换的，在这个小小的集体中，正是因为有爱，才让每一位孩子、教师、家长，乃至社会成员获得安全感。我们营造了温暖的集体氛围，让幼儿愿意为集体做事情，喜爱自己的班级，让幼儿快速适应班级和学校的环境，顺利度过了人生第一次大的转折点，也为三年后入学做好社会准备。

篮球游戏始于幼儿，忠于幼儿，让孩子做游戏的主人。我始终追随幼儿，给予支持，让他们自己制订《篮球练习计划》，帮助孩子更好地推进活动进程。从一开始追着球满场跑，到定点连续拍球，孩子们体验了成功的乐趣，家长看到幼儿的发展，大家齐心合力不断向下一个目标进发。在这个过程中，好玩的体育游戏让幼儿积极参加体育活动并能连续半小时以上，养成良好的运动习惯。同时，在活动中不怕困难、坚持锻炼，尽自己的努力获得成功，也让幼儿在情绪上得到释放，在心态上变得积极向上，达到了《指导要点》身心准备喜欢运动的发展目标。教师在每次活动后及时分析和反思幼儿的运动现状，充分调动家长及社会资源，有针对性地帮助幼儿锻炼身体，提高身体机能和素质。

《指南》建议，有意识地引导幼儿观察周围事物，支持幼儿自发的观察活动，鼓励

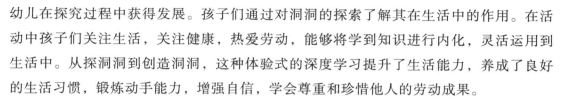

幼儿在探究过程中获得发展。孩子们通过对洞洞的探索了解其在生活中的作用。在活动中孩子们关注生活，关注健康，热爱劳动，能够将学到知识进行内化，灵活运用到生活中。从探洞洞到创造洞洞，这种体验式的深度学习提升了生活能力，养成了良好的生活习惯，锻炼动手能力，增强自信，学会尊重和珍惜他人的劳动成果。

对于小班而言在学习准备中主要是培养幼儿的学习兴趣。《指导要点》指出，兴趣是最好的老师，让幼儿喜欢学习、爱上学习，具备一定的学习能力比学到多少知识更重要。作为全国文明城市的芜湖，文化建设正在高速发展，不少小区附近都出现了芜湖书房的身影，还有线上的"芜湖共读"活动。我们利用社会资源在家长的配合下开展"阅来悦好"读书系列活动，旨在让幼儿喜欢阅读，乐于分享阅读，遇到问题通过阅读寻求答案。在阅读过程中让幼儿具有浓厚的学习兴趣和基础学习能力，为进入小学后适应不同学科新知识、新技能的学习做好准备，同时培养幼儿主动、专注的学习品质。

综上所述，四大准备活动都能看到家园社三方的身影，正是因为有三方的紧密协同，才能更好地帮助我们孩子全面发展，顺利度过幼小衔接阶段。

一"线"牵

在当前幼小衔接的背景下，以小班为起点的长程幼小衔接呼之欲出，但在具体操作过程中仍面临着一些理论与实践上的挑战。为此，需要突破已有的仅为入学适应做准备的目标定位，把为幼儿后继可持续发展的目标确立起来。

家庭是幼儿成长的起点，幼儿园是幼儿人生的第一课堂。随着教育的发展，人们文化水平的提高及教育观念的改变，越来越重视家庭和幼儿园之间的良好合作。家园双方共同努力协同共育，已成为现代幼儿教育的重要趋势。《指导要点》以促进幼儿身心全面准备为目标，围绕幼儿入学所需的关键素质，提出身心准备、生活准备、社会准备和学习准备，除了在教学建议中明确指出，大班下学期可以重点做的准备外，其他绝大部分的准备都是可以从小班起就着手。这就从政策层面上把小班纳入幼小衔接教育过程之中，构建出以小班为起点的3年学前教育在幼小衔接入学准备教育中的整体图景。

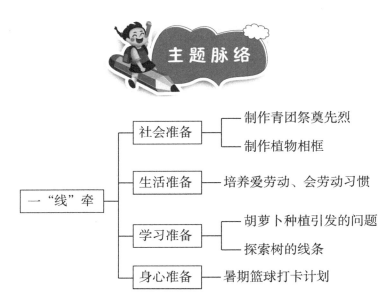

一、社会准备——走进大自然

2023年4月3日临近清明节，我们进行了爱国主义教育，要让孩子知道，现在的幸福生活是无数革命先烈用热血换来的。清明，我们除了踏青，放风筝，做青团等，还要缅怀先烈。于是，我们结合班本豆、线、洞的主题，邀请了党员家长走进幼儿园，向小朋友介绍制作青团的过程。小朋友们和我们一起通过揉面、称重、擀皮、制馅、包馅等一系列过程完成了制作青团。当然，做完的青团还不可以吃，还要将它送给厨房的阿姨，请她们帮我们蒸一蒸。蒸完后，我们又将每个小青团的"身体"上都刷了一层油，最后再用保鲜膜将它裹住。这样，我们的小青团就算完成啦！在清明节当天，我们的党员家长代表将孩子们制作的青团带到烈士陵园祭奠先烈。为了丰富幼儿园活动，我们以幼小衔接为目的，让家长更多地参与幼儿园实际活动，与幼儿一同感受成长的快乐。

2023年4月8日，我们带着家长和孩子，一起走出了家庭，走出了幼儿园，走出了舒适区，走进我们的大社会——大自然。今天小朋友和家长一共要完成两个小任务：首先，我们要认识各种植物，然后和爸爸妈妈共同努力，将植物制作出一幅美丽的相框，把美丽的春天"编织"出来。虽然天公不作美，下起了小雨，但是家长和孩子的积极热情却没有受到一丝影响。孩子和家长也是分工明确，孩子们负责寻找植物和花朵，家长负责用毛线将树枝缠绕捆绑起来，一切都在有序地进行着。瞧瞧，我们的作品多美呀！

二、生活准备——一起来玩雨

在一日生活中，我们注重幼儿的礼貌培养，这对以后的人际关系有着非常重要的作用。幼小衔接中的生活准备，我们培养幼儿自己穿脱衣服、自己吃饭、自己如厕，每天提醒和督促幼儿主动做力所能及的小事，帮助培养幼儿养成良好的生活习惯。同时，增强幼儿的劳动意识和劳动技能，如做好值日生、擦桌子、分发餐具管理等。

2023年3月6日，我们班级的班本活动是《一起来玩雨》，但是在出发前，我们需要有前期的准备工作。在班级里，我们要将雨衣和雨鞋穿好了才能出发，孩子们开心

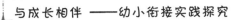

地从自己的柜子里取出雨具穿了起来。可就在这时，一位孩子突然哭了起来，他的哭声引来了L男生的关注。L："你怎么了？"Y："我的雨衣穿不起来。"L："那你等等好吗？我先把我的穿好再来帮你。"Y："好的。"L在穿好自己的雨衣后，连忙拿起Y的雨衣，一边帮他穿一边告诉他道："你看，雨衣和我们的衣服外套一样，都有两个洞洞（袖口），老师也教过我们，可以先找到两个洞洞然后将手伸进去，再向后面一甩，就穿过去了。要不你自己再试一试？"Y按照L的方法，竟然也将雨衣穿了进去。

三、学习准备——自然角中的胡萝卜

养成良好的思考习惯，让幼儿喜欢动脑筋。我们鼓励幼儿遇到事情多动脑筋，积极发表自己的意见，遇到不懂的问题，及时提出。我们会把幼儿提出的问题通过问题墙展现出来，请大家一起去寻找答案，让幼儿学会主动思考并寻找解决问题的方法。

孩子们在自然角帮助胡萝卜换水时发现胡萝卜变黑了。C："为什么我的胡萝卜变黑了？"H："为什么我的胡萝卜干瘪了？"M："我的胡萝卜长得很好。"在这里我没有过多的言语，而是让孩子们对这些问题产生好奇，再引导他们去用什么方法解决这些问题，这增加了孩子们对学习的兴趣及能力的发展。这时的孩子就开始猜想了。M："可能是太阳晒多了、水变浑浊了。"Y："是不是没有及时换水。"L："会不会可能水加多了，把胡萝卜淹死了呢？"

幼儿在胡萝卜出现问题后，大胆猜想与假设，还有的孩子提议，能不能将其他长得好的胡萝卜种在菜园地里，让土培和水培的胡萝卜进行一个比较。经过几个月后，孩子们惊奇地发现，土培的胡萝卜丰收了。

四、学习准备——探秘大树中的线条

幼儿科学学习的核心是激发探究兴趣，体验探究过程，发展初步的探究能力。成人要善于发现和保护幼儿的好奇心，充分利用自然和实际生活机会，引导幼儿通过观察、比较、操作、实验等方法，学习发现问题、分析问题和解决问题。同时，帮助幼儿不断积累经验，并运用新的学习活动，形成受益终身的学习态度和能力。在一次户外散步中，孩子们发现了幼儿园里的大树有着他们熟悉的线条。幼儿争先恐后地说："老师你看，原来大树上有线条。"W："你看，这棵树上是'闪电'线。"R："你们快看呀！这里的树还是蜗牛线呢！"Q："我看的这棵树是直线。"M："我怎么觉得这棵树上的线条像波浪线呢？"

就这样，孩子们关于一场大树的探秘活动就开始了。他们带着小画本和笔，开始在幼儿园各个角落里寻找不一样的线条，一边寻找一边记录着他们看见的样子。当然，

孩子们的发现与猜想也没有就此结束，在户外活动中，还是对大树进行了探索。他们发现，有的树皮脱落了，他们轻轻剥下树皮正在仔细观察时，一位孩子的语言打断了他们。那位孩子说："这个树皮有好甜的味道。"这时孩子纷纷把手上的树皮拿在手里闻了起来，然后你一言我一语地讨论起来。正好，我借着孩子们发现的契机，让孩子们用图画表征的形式将自己的猜想画出来。

五、身心准备——暑期篮球计划

《指南》指出，健康是指人在身体、心理和社会适应方面的良好状态。幼儿阶段是儿童身体发育和机能发展极为迅速的时期，也是形成安全感和乐观态度的重要阶段。为了有效促进幼儿身心健康发展，成人应为幼儿提供合理均衡的营养，保证充足的睡眠和适宜的锻炼来满足幼儿生长发育的需要。《指导要点》建议，积极参加多种形式的户外活动，初步养成良好的运动习惯则有利于增强幼儿体质。

在孩子们的一次交谈中，我听到孩子们似乎对篮球很感兴趣。基于孩子们对篮球的兴趣，我便以篮球为媒介，从"兴趣、游戏为本，儿童的发展为先"的原则出发，充分考虑孩子健康发展需要以及幼儿年龄特点，并结合幼儿身心发展的特点开展了以篮球为主题的暑期篮球打卡计划。

课程启示

家庭教育，幼儿园教育和社会教育，虽然方式方法不同，但出发点是一致的，都是为了促进幼儿更好地发展。对于小班的孩子，家长的焦虑点在我的孩子能否适应幼儿园的生活，我的孩子每天都在幼儿园学些什么，所以我们就"牵"线家长，让其参与我们的活动，让他们消除心中的顾虑，也为以后的家长工作顺利进行做好铺垫。幼儿的成长不能局限在家庭和幼儿园，还要与社会生活联系在一起。我们只有带领孩子和家长走进社会生活，让孩子与家长，亲身感受社会生活，才能更好地为以后入学的社会准备打下基础。幼儿身心发展具有重要影响的行为不是发生在幼儿园，就是发生在家庭中，所以家庭和幼儿园密切关注幼儿的各项活动与发展情况，便于在问题出现的时候及时解决问题，并帮助幼儿养成良好的学习习惯。

《指导要点》指出，参与劳动有助于培养幼儿良好的劳动习惯，提高幼儿的自理能力和动手能力，增强自信心，培养初步的责任感。活动中，L小朋友就像"老师"一样

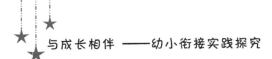

去引导其他幼儿尝试穿雨衣，提高了自理能力和动手能力。当孩子们有了较强的生活自理能力将有助于他们在今后的学习和生活中增强自信心。

《指南》指出，让幼儿在接触自然、生活事物和现象中积累有益的直接经验和感性认识，和幼儿一起通过户外活动、参观考察、种植和饲养活动，感知生物的多样性和独特性，以及生长发育、繁殖和死亡的过程。《指导要点》指出，兴趣是最好的老师，让幼儿喜欢学习、爱上学习，具备一定的学习能力比学到多少知识更重要。孩子们对身边的新事物感兴趣，有好奇心和探究欲，作为教师就要保护幼儿的好奇心和主动性，接纳、鼓励幼儿对新事物的观察、提问等探究行为，避免打断或否定幼儿的奇思妙想。在孩子们想出的土培和水培两种比较的方法时，我并没有打断孩子的想法，而是顺着孩子的想法，最终孩子们看见土培出来的胡萝卜丰收了，成功的喜悦都写在了他们的脸上。这表现出幼儿通过自主学习、探究、寻找答案，也有助于幼儿入学后更好胜任新的学习任务，且受益终身。

幼儿的思维特点是以具体形象思维为主，应注重引导幼儿通过直接感知、亲身体验和实际操作进行科学学习，真诚地接纳、多方面支持和鼓励幼儿的探索行为。教师要认真对待幼儿的问题，引导他们猜一猜、想一想。《指导要点》指出，支持幼儿专注持续地完成任务，鼓励幼儿独立思考。孩子们在发现身边的新鲜事物时并对其感兴趣，有好奇心和探究欲，作为教师应该去保护他们的好奇心，放手让孩子们自己去探索，养成幼儿对学习的主动性。当孩子们出现不同想法的时候，教师可以鼓励幼儿大胆说出自己的想法，或者用图画表征的形式将他们画出来后再进行共同讨论和学习。在共同讨论时教师要多鼓励幼儿，让其分享自己的发现和观点，支持他们进一步的探究想法和行动。这样可以提高幼儿的学习兴趣。

孩子们每天在家长的带领下完成了半小时以上的训练，养成了良好的运动习惯。一方面是幼儿每天的坚持训练，还有一方面就是家长的坚持，两个坚持缺一不可。这也符合《指导要点》中的积极参加户外活动，能连续参加体育活动半小时以上户外活动的发展目标。

非常1加1

课程起源

    幼儿园、家庭和社区是儿童生活的三个重要场所，为了对儿童教育产生综合成效，三者必须共同努力对儿童施加教育影响。1996年教育部修订了《幼儿园工作规程》，将三者结合成为一个单独的章节，这是第一次在政策层面强调幼儿园、家庭和社区的协同育人。《指导要点》围绕幼儿入学所需的关键素质，提出身心准备、生活准备、社会准备和学习准备四个方面。同时，提出入学准备教育是一个循序渐进的过程，幼儿园应从小班开始逐步培养幼儿健康的体魄、积极的态度和良好的习惯等身心基本素质。幼儿的入学准备离不开三方协同下的努力，其模式包括以下四种：家庭—幼儿园（1加1）、幼儿园—社区（1加1）、社区—家庭(1加1)，以及家庭—幼儿园—社区（1加X）的多方协同共育。

主题脉络

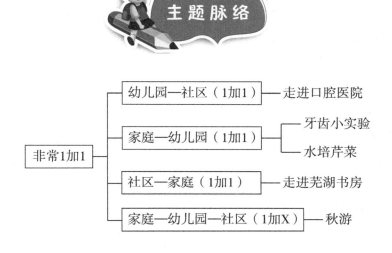

实施过程

一、幼儿园—社区（1加1）

牙齿上的黑点点是什么？小朋友回答："是小虫子在里面偷偷吃牙齿。""是睡觉的时候不闭着嘴巴。""是牙齿烂掉了。""是小煤球在里面开火车。"

老师说我们的猜想很棒，为了解开我们的疑惑，一起出发来到儿童口腔医院寻找答案。医生阿姨告诉我们，黑点点是有细菌在牙齿上做游戏，我们有时候没有按时刷牙赶走他，细菌就会越来越多，最后从小黑点变成大黑点，牙齿就会坏掉，所以小朋友们一定要按时刷牙，做好牙齿清洁哦！

二、家庭—幼儿园（1加1）

1.牙齿小实验

2023年4月4日，我们做了牙齿小实验。老师和我们一起查阅相关资料，爸爸妈妈也和我们一起准备实验材料，第一次做实验的我有些紧张。这时候你肯定要问我啦，为什么要用鸡蛋来代替牙齿做实验呢？这是因为鸡蛋壳和牙齿的主要成分相似，都为碳酸钙，所以用熟鸡蛋代替牙齿做实验。我们每天给鸡蛋宝宝投喂自己最喜欢的零食，选择一个"爱刷牙"的鸡蛋宝宝，每天给他换水、刷牙，而另一个鸡蛋宝宝却每天吃零食不刷牙。一个星期后，我们一起对比观察两个鸡蛋宝宝的样子，最后发现不爱刷牙的鸡蛋宝宝有黑点、黄斑变得丑丑的，而爱刷牙的鸡蛋宝宝还是那么干净。

2.自然角"水培芹菜"

美味的芹菜是我的最爱，我们想和老师一起在自然角培育春天的芹菜。培育芹菜可不是一件简单的事情哦！2023年3月2日，我们一起种植了水培芹菜，每天我们都要帮助小芹菜换水、晒太阳，当看到黄叶时需及时摘除，保证小芹菜的营养供给。小小的一棵芹菜都需要我们花这么多时间照顾才能健康长大，而我们平时吃的瓜果蔬菜，每一个都是农民伯伯用时间和汗水换来的，我们一定要做一个不挑食、爱劳动的好宝宝。在水培芹菜的活动中，幼儿懂得了劳动的不易，种植的不易，体会到农民伯伯的辛苦，明白了劳动的重要性，同时也培养了他们热爱自己种植的芹菜、热爱植物、热爱大自然的好品质，培养了幼小衔接做好生活准备中的劳动意识。

三、社区—家庭（1加1）

阅读是我们汲取知识力量的源泉。我们良好习惯的培养离不开爸爸妈妈的支持。在班级"阅"来"阅"好的读书活动中，爸爸妈妈本着培养我们阅读的好习惯，联系芜湖书房，自己组织成员，陪伴我们阅读。在活动中爸爸妈妈鼓励我们说一说图画书的主要情节，培养我们的阅读兴趣和能力。这也是《指导要点》的学习准备目标，为做好幼儿幼小衔接打下良好基础。

四、家庭—幼儿园—社区（1加X）

秋游是我们幼儿园常规性的社会活动。每年我们都会走出幼儿园开展各具特色的秋游活动。2022年11月是我们在幼儿园的第一个秋游，主题是我们最喜欢的"吹泡泡"游戏。秋游活动中，我们一起拾落叶、打孔、制作泡泡液、用树叶小孔吹泡。这些美好的回忆成了我和小伙伴心底的连接和友谊的纽带。在活动中，我们积极动手，拾落叶，主动与自然接触，选择自己喜欢的压花机，为树叶打孔，每个人都吹出了属于自己的泡泡。

四种家园社协同的模式在班级工作中都有所体现，但也存在问题。在幼儿的成长过程中，不同的主体肩负着不同的教育职责，其所占有的教育资源和采取的教育模式都不相同，且相互之间不可替代。在全面发展幼儿这一核心目标的引领下，幼儿园、家庭和社区必须在明确各自职责的基础上发挥自身的教育优势，将不同主体之间的异质性转化为功能上的互补，进而实现育人过程中的协同。

基于儿童教育的专业性特征，幼儿园、家庭和社区的教育协同应该建构起幼儿园主动引领、家庭切实履责、社区积极协同的三角支撑关系。其中，幼儿园要积极发挥专业引领和示范作用，将幼儿教育的科学理念、知识和方法扩散到其他群体当中，以引导其他主体实现在幼儿教育价值上的共同理解和共同信念。

最后，社区教育实践基地如果可以实现，就可以在发挥幼儿园专业引领作用的基础上，将幼儿教育的时空环境从幼儿园转换到社区，成为连接幼儿园和家庭的重要平

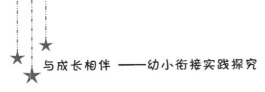

台。社区教育实践基地具有拓展幼儿学习空间、丰富幼儿教育资源、拉近幼儿园与家庭及社区之间关系、营造完整育人环境等价值，对促进幼儿幼小衔接有积极的促进作用。

此豆非彼豆

　　幼小衔接的目标应该是让幼儿从一种教育形态自然过渡到另外一种教育形态。对幼儿来讲，它应该是充满兴趣和欣喜的旅途，而不是充满恐惧和背着沉重负担的旅途。因此，即便是小班，我们也特别关注幼儿们入园后在心理、生活、社会、学习等方面的适应性。本主题是《豆豆的美好时光》主线下的子主题，以《指导要点》为理论指导，让孩子和我在豆豆的世界里一起探索下去。

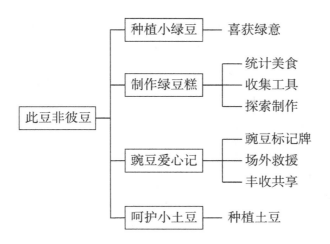

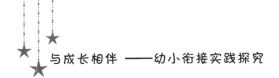

一、种植小绿豆

小班即将开学，为了提前拉近幼儿、家长、老师之间的距离，我们在班级群里和家长提前商量开展一个有意义的种植活动。在大家的投票下，生长期短、不受天气影响的绿豆呼声最高。我们班的豆豆故事，从这里悄然开始了，每个孩子在家里精心呵护自己的豆豆。秋季开学前，豆豆生根发芽的绿意拉近了小朋友之间的距离，孩子们每天都以语音的形式在群里分享着他们的喜悦。Z："小朋友们你们看，我的豆豆发出小芽啦！"W："老师，老师，我的豆芽又长高啦！"R："我今天用小水枪给绿豆芽浇水啦！"Z："今天我还给小豆芽量个子，5厘米啦。"（孩子学着大人在用直尺有模有样地测量，这里的"5"对于小班来说是随口说的，并不具备具体的刻度意义）

二、制作绿豆糕

9月开学时，孩子们纷纷带来了自己的绿豆芽，送到厨房清炒一盘，吃掉还不够。于是，孩子们纷纷发问，绿豆还能做什么好吃的？好奇心是终身学习的原动力，呵护幼儿的好奇心，尊重幼儿好问的天性，有助于幼儿对周围世界保持持续的探究欲望，不怕困难，积极主动学习。孩子们既然对绿豆美食如此感兴趣，何不让孩子们投投票，自己调查班级小朋友想吃哪些绿豆美食。孩子们将《绿豆美食调查表》带到学校交流分享。W："我最喜欢吃绿豆糕啦，看，我画的是爱心绿豆糕。"Q："我爱吃妈妈做的绿豆汤哎，好甜哟。"R："我爸爸给我吃过绿豆冰棒哎，妈妈不给我多吃。"孩子们你一言我一语，就好像美食就在眼前一样。

孩子们带着自己的调查表在班里相互交流着自己喜欢的绿豆美食，并耐心倾听同伴的喜好。那在班级到底制作什么美食呢？对于幼儿的统计结果，让幼儿直接用数字统计对于小班幼儿显然有难度。于是，我把问题抛给幼儿：如何统计大家最爱吃的绿豆食物统计结果呢？孩子们七嘴八舌，R说："可以写呀！"W立马反驳道："你会写吗？"C："我有好办法，送小红花，看哪个好吃的小红花最多。"X："对呀，也可以拿小木棍。"R："那绿豆是怎样变成绿豆糕的呀？"X："肯定是魔法变的呀。"J："我妈妈在家做过绿豆糕的，要用机器搅一搅的，肯定不是魔法。"R："肯定是厨师做的，我

在小区门口的店里买过。"

大家听到 R 说"店里买过",很多小朋友纷纷说我也去过。有的幼儿则低下头说没去过糕点店。于是,实体考察糕点店,买一买绿豆糕势不可挡,幼儿纷纷吵着放学后就去买绿豆糕。

第二天一早,幼儿就在班级积极分享买绿豆糕的趣事。X 坐在门口换鞋区说道:"我吃的是奶油味的绿豆糕,真好吃。"M:"我拿妈妈手机扫码支付的,买了一盒哎!"Z:"我吃的绿豆糕有图案,妈妈问店里的阿姨,说是模具印的。"说到模具,Y 跑到美工区说:"我们班也有模具,你们看,好多花纹的。"

我提前分析幼儿在探究活动中可能获得的发展和材料需求,提供充足的时间、丰富的材料支持幼儿持续、深入进行绿豆糕的探究,寻找问题的答案。同时,社会资源也是幼儿学习的重要支撑,提倡利用生活机会,帮助幼儿了解与自己关系密切的社会服务机构及其工作,如商场、商店等,体会这些机构给大家提供的便利和服务,懂得尊重工作人员的劳动,珍惜劳动成果。

看看我们的区角里热火朝天的实际操作环节。孩子们将泡了一夜的绿豆捞出来,给绿豆搓皮"脱外衣",变成黄色豆豆后,请求老师帮忙上锅蒸熟,冷却后他们用勺子、盘子等将黄豆压成豆泥状,选择自己喜欢的各种模具压成绿豆糕,并分享给其他班的小朋友。

三、豌豆爱心记

幼儿园的菜地孩子们也不会"放过",经过幼儿独有的"小红花式"统计方法,种豆豆的呼声依然居高不下。种什么豆豆呢?孩子们说,那就种幼儿园五彩饭里的豌豆吧。

我们在种植地按班级幼儿总数挖了 25 个小坑,每个孩子将自己手中的豌豆放进自己选的小坑里。我们班的豌豆记录表也在这个时候出现,豆豆发芽了,孩子们纷纷跑着去看看自己种的豆豆发生了什么变化。这是对豌豆的初次观察与测量,孩子们有的用手指在丈量高度,有的用笔在记录豌豆的生长变化。他们每天都会对豌豆苗说悄悄话和许愿。

2022 年 11 月 24 日一场雪后,孩子们发现豌豆苗被一场大雪压倒了。怎么办呢?Q说:"固定住。"于是,孩子们在班级找来各种支撑的物品,尝试插在土里试试看是否可行。

W:"老师,这是什么菜?"Z:"小二班的萝卜菜。"S:"那别人认识我们班的菜吗?"Q:"我们可以告诉别人呀。"我也不反驳,但回班里后他们发现太费事、太累了,于是有小朋友说："老师你写出来豌豆字。"幼儿已经想到用标记提醒人了，思考、反驳和用实际佐证的能力就出来了，但我说你们也可以写豌豆字呀，你们的"字"就是"画"，你们可以画出豌豆和想对豌豆说的话。他们很开心地画起来。

随着一个寒假的结束，小一班孩子们最放不下心的就是小小菜地里的豌豆。看，长出小花了，还结出了豌豆，孩子们喜出望外，送到了厨房和幼儿园的小伙伴们一起分享。

四、呵护小土豆

绿豆芽被孩子们炒吃了后，我们班的自然角处于空闲的状态，孩子们纷纷嚷着还要继续种"豆"，随着孩子们七嘴八舌各种豆豆的名称时，W的一声"种土豆"格外大声。

作为教师，是知道豆豆和"土豆"的区别，虽都带有"豆"一字，但是一个是豆类，一个是薯类。孩子们的想法不容忽视，但让他们自己发现和之前种植的豆豆区别何不妙哉。于是，我们便种下了土豆。终于，在放假前的一个月，幼儿发现了它们之间的差异。Y："我的土豆开白花啦！"S："我的是紫色的花。"Z："我的有果果哎！"

故事还在继续，相信下学期还有更多的豆豆小故事来解答孩子们各种疑惑。幼儿不断发现问题，不断解决问题，其学习经验得到了螺旋式上升。

《指南》提到，营造温暖、轻松的心理环境，让幼儿形成安全感和信赖感。在"种植小绿豆"这一课程故事中，开学即将来临之际，孩子们虽然每天都会在群里分享，但是他们更急于把自己亲手照顾的绿豆带到学校说一说和聊一聊。有自己的豆芽陪伴，有自己开心的事急于分享，也许小班新生黑色九月的分离焦虑，从这个时候已经悄然消失了。同时，孩子们专注的眼神，以及小心翼翼地给绿豆避光，让我看到了科学探究的影子，专注、开心、小心翼翼地呵护、期待着生长结果。幼儿发现并分享新奇、有趣的绿豆发芽现象，一起寻找问题的答案。通过拍照和画图等方式保留和积累有趣的探索与发现过程是难能可贵的。幼儿知道使用直尺进行象征性的测量，使幼儿感知和体会生活中很多地方都能用到数的快乐。

幼儿在区角里运用各种相关材料分工合作，教师不必过多干预，需要注意的是在用电安全方面要做好保护。《指南》指出，幼儿园应多为幼儿提供自由交往和游戏的机会，鼓励他们自主选择、自由结伴分工开展活动。其中，幼儿将绿豆糕主动送给幼儿园老师和其他班级幼儿、厨房老师及保安的行为是难能可贵的，引导幼儿尊重身边的劳动者，珍惜劳动成果。帮助幼儿了解父母、老师、食堂厨师和幼儿园保安等的工作特点，讨论他们付出的劳动给自己带来的服务和便利，学会尊重和珍惜他人的劳动成果。同时，孩子们制作绿豆糕的过程有助于专注力、坚持性、计划性等学习习惯的养成，有助于幼儿入学后更好胜任新的学习任务，且受益终身。

家长资源也是幼儿学习的助推器，奶奶辈的种植经验丰富，欣慰的是家长非常愿意来到幼儿园和孩子们一起种植豌豆，这份家长的爱心注入，让活动一开始就暖意绵绵，也持续受到关注。在照顾豌豆的过程中，幼儿也自发地浇水、除草。《指导要点》指出，参与劳动有助于培养幼儿良好的劳动习惯，提高幼儿的自理能力和动手能力，增强自信心，培养初步的责任感。

千里之行，始于幼衔

"老师，我家现在上中班，需不需要识字？""老师，我家什么时候学拼音比较好？""老师，我家孩子需不需要开始练字呢？""别人家孩子已经学完拼音了，我们不知道要不要学？""老师，我准备给孩子暑假报一个'幼小衔接'班，你看怎么样？"这是中大班家长的焦虑，归因于对"幼小衔接"的认识差异。家长之前不了解幼小衔接，也没给孩子做过幼小衔接，甚至部分家长不知道怎么衔接，也没有幼小衔接的意识和概念。

俗话说："千里之行，始于足下。"这句话的意思是，走一千里路，是从迈第一步开始的，是从小到大逐渐积累起来的。所以，我们的"幼小衔接"也是一样，要从小班开始培养。

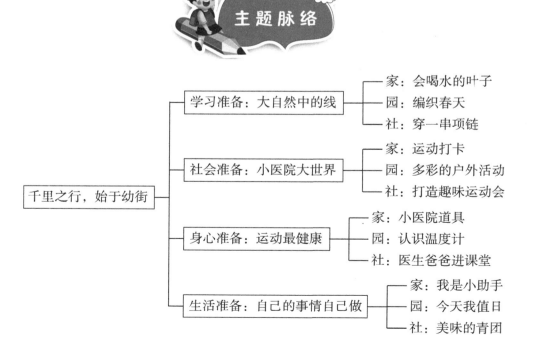

实施过程

一、学习准备——大自然中的线

著名教育家陶行知先生说过，我们要解放小孩子的空间，让他们去接触大自然中花草、树木、青山、绿水、日月、星辰。这一理念也是我们园实践多年的总结。大自然是再好不过的教育资源，是培养幼儿科学素养与探索精神，以及观察力、动手能力、创造能力的天然课堂，因此最行之有效的教育方式便是让孩子爱上大自然，从大自然中汲取成长的力量。我们带着这样的信念，在"编织春天"的春游活动中去探索，去研学。孩子们在大自然的叶子中找到了喜欢的、有趣的线条，有"鲨鱼线""城堡线""斑马线"和"大海线"。幼儿在父母的陪同下，编织出美好的艺术品，编织出春天的气息，更是编织出孩子们对未来的向往。

大自然给了孩子们求知的欲望，也激发了孩子们探索的激情。从"编织春天"的研学活动后，孩子们越发爱上了自然的馈赠——叶子。一次拓印活动中，C问："老师，这些线条是叶子的骨头吗？线条为什么要长在叶子上呢？""你猜猜看是什么原因呢。"我将问题抛给孩子们，听听他们的想法吧。

D："叶子上的线条是保护叶子的。"Z说："是叶子的骨头。"K说："是叶子用来跳舞的手和腿。"X说："是叶子喝水的吸管。"带着这样的疑惑，爸爸妈妈和我们一起做起了实验。在实验中，孩子们亲自动手，观察叶子的脉络，设想叶子的功能，撸起袖子做起了"项目"。孩子们在实验中假设、记录、观察、得出结论，原来叶子的线条是"喝水用的"，叫做"毛细现象"。

初次体验了动手的喜悦，孩子们个个意犹未尽，总期待能再一次独立完成一项什么"大工程"。在三八妇女节来临之际，我们邀请了几位"妈妈老师"参与我们的"穿一串项链送给您"的社会实践活动。活动中，孩子们大显身手，拿起一片叶子，专注地用线绳穿了起来，再拿起一颗豆子做装饰，继续穿，就这样一针一线地完成了一条条独特而充满爱意的项链，并将项链送给了最爱的妈妈！

二、社会准备——小医院大世界

娃娃家的活动自然是小班幼儿的最爱，我们班也不例外。孩子们将娃娃家的游戏

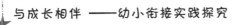

玩出了新花样。X对M说："阿紫刚才吃了一个蘑菇，她肚子疼，现在只能躺着。"R说："我刚才帮她量了体温，她发烧了，83度。"M说："那怎么办？"X说："我用水壶给她喂点水喝，多喝水，就会好的。"

另一边的图书角也在上演着娃娃家的故事。S说："你躺着不要动啊，病人是不可以乱动的。"Q说："好的，我不动了。"S说："这个需要拍片子，然后挂水。""W医生，请你把书递给我，我要拍片子了。"M说："来了。"

因孩子们对娃娃家医生看病这一社会角色的喜爱，我们从娃娃家中分离出"小医院"的活动，并将此活动延伸到了户外。但是，我们能提供给幼儿的材料有限，常常在游戏中，孩子们都是以物代物的玩法。于是，我们有效地发动了家长资源。请小朋友将自己喜欢的小医院道具带来幼儿园，与其他小伙伴共分享。因为"今天我值日"活动中的测温环节，小朋友们对温度计是情有独钟的。每次打开药箱，争抢的总是温度计。看，Z以迅雷不及掩耳之势，先得到了温度计。Z边量体温，边振振有词："要去医院，发烧了，38度。"R说："不是的。是83度"Z说："我妈妈是医生，我妈妈给我看过真的温度计，教过我。3在前面，8在后面，就是38度。"R说："那我们问老师去。"对于孩子的疑惑，游戏后向孩子们科普温度计的读法是必要的。于是，我们专门开展了一堂"认识温度计"的相关活动。孩子们通过游戏，不仅学会了温度计的使用方法，也学会了读数。

在游戏中，孩子们还常常会遇到各种矛盾或瓶颈。比如，医生酒驾，他不给我们抓怎么办？没有人愿意当病人，都想去做医生。当了医生的小朋友，在病人问他什么是病毒，怎样预防疾病？他不知道怎样回答病人的问题，怎么办？顺着孩子的问题，我们请到了班级一位"医生爸爸"进课堂，这使我们学到了什么是流感？如何预防和控制流感的方法。孩子们在自己感兴趣的事情上，显得异常专注。在随后的医生坐诊活动中，小医生也将学来的知识继续宣传开来。

三、身心准备——运动最健康

《指南》指出，幼儿阶段是儿童身体发育和机能发展极为迅速的时期，也是形成安全感和乐观态度的重要阶段。因此，发育良好的身体、愉快的情绪、强健的体质、协调的动作、良好的生活习惯和基本生活能力是幼儿身心健康的重中之重。对于小班而言，我们更是倍加关注。根据幼儿的年龄和身心发展规律，以及幼儿的兴趣特点，我们为小班幼儿专门请来了体育专家，量身打造了一次趣味运动会，带领孩子们积极参加体育活动，锻炼身体。

在活动中，我们观察到，有些孩子平时的锻炼是比较少的，还有的孩子站在原地，不愿意移动。而按照《指南》"发展幼儿动作的协调性和灵活性"的要求，这部分小班幼儿显然还有待提高。那么，针对孩子的各项达标要求，我们平时开展了丰富多彩的活动，午后散步、专门的户外活动和体育达标竞赛，并在群里积极打卡孩子的运动情况。

四、生活准备——自己的事情自己做

小班幼儿能力相对较弱，但并不意味着什么事情都不能做。陶行知先生的《小孩不小歌》里说过，"人人都说小孩小，谁知人小心不小，你若小看小孩子，便比小孩还要小"。据了解，部分家长总认为孩子小，不可以自己去独立完成某个"项目"，安全问题也得不到保障，不让他们自己去单独行动。我们要敢于"放手"，才能使幼儿成长，顺利步入小学阶段。那怎样帮助幼儿从生活的点滴中"幼小衔接"呢？简单来说，就是"自己的事情自己做"。

《指导要点》强调，坚持自己的事情自己做，能分类整理和保管好自己的物品。因此，我们在各项活动中渗透自己动手的意识，帮助幼儿认识到，我能行，我可以，自己的事情是可以自己做的。根据小班幼儿的年龄和自理能力特点，鼓励幼儿积极动手，能分类整理和保管好自己的物品。由此，我们开展了参与"做青团"活动，并鼓励幼儿参与值日生活动和争当妈妈的小助手活动。活动中，孩子们做出了美味的青团，体验了当值日生的快乐，在服务于他人的同时，学会了自己动手；在帮助妈妈分担家务的同时，学会了摆放碗筷、餐后整理餐桌、洗碗、扫地、扔垃圾，并懂得了学会尊重和珍惜他人的劳动成果。

课程启示

《纲要》提出，3~6岁是为幼儿后继学习和终身发展奠基的重要阶段，也是为幼儿做好入学准备的关键阶段。帮助幼儿科学做好入学准备教育，是幼儿园教育的重要内容。基于此，幼小衔接应该贯穿整个学前教育，充分利用三年幼儿教育阶段，培养幼儿扎实的综合能力和良好的生活、卫生和行为习惯，以及对事物的探究学习兴趣，而不是强调幼儿在知识上掌握的程度。

家长不必操之过急，而更应该关注符合孩子心智发展的学习方式，重视孩子在游戏中、生活中的学习和探究，为儿童全面、自主和可持续的学习与发展提供有效的支

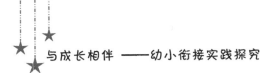

持。《指导要点》指出，教师要做好支持者，为幼儿营造温暖的集体氛围，创造条件和机会，鼓励、支持幼儿在轻松自由的氛围中，培养和发展幼儿听与说的能力。孩子们在趣味的团队游戏里更能仔细听、会提问、敢于开口表达，愿意主动与身边的成人交流，获得自己感兴趣的知识，成为学习的主人。在游戏中观察，提出问题，产生想寻求答案的愿望，并通过合作、实验、推理，找到事物现象的因果关系，和同伴分享，促进大家共同进步。

家园社三方共育，共进，共护幼儿的成长，科学衔接、系统衔接、深度衔接，才能帮助和引导幼儿顺利完成幼儿园到小学的过渡。

愿美好未来如约而至

　　虞永平教授说，从幼儿园到小学，不是翻山越岭，不是跳越大沟深壑，也不是进入天壤之别的生活，而是童年生活的一种自然延伸和过渡。中班是幼儿园三年中承上启下的年龄段，也是从学龄前向学龄期跨越的重要时期。如何能让这两个不同教育阶段平稳过渡，作为幼儿园教师，孩子一路前行的引路人，我们按照《指导要点》要求，以促进幼儿身心全面和谐发展为目标，注重身心准备、生活准备、社会准备和学习准备四个方面的有机融合和渗透，支持儿童成长，有机整合"家、园、社"多方面的资源和能量，坚持幼儿为本、双向衔接、系统推进、规范管理，全面、科学、系统地做好幼小衔接。

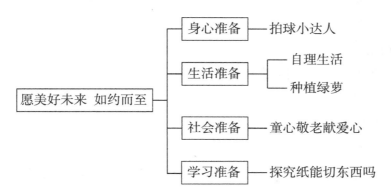

一、身心准备——运动小达人

小班时期，在每次户外活动中，孩子们看见大班的哥哥姐姐在操场上轻松自如地拍球、运球，可真是羡慕呀！现在他们长大了，升入中班后每天都早早起床来到幼儿园，坚持和小伙伴们一起参加户外晨间锻炼。经过中班一年的学习生活，孩子们不仅学会了拍球，而且体育运动中的走、跑、钻、爬、跳等技能，都难不倒他们。每次连续参加体育活动达到半小时的时候，我都会忍不住提醒需要休息。可每一次得到的回答都是：再等一会儿。成长的进步离不开老师和幼儿的坚持，在运动中孩子们学会了不怕苦、不怕累，在竞赛游戏中，学会了合作与拼搏。他们的主动与创造、探索与冒险，让户外游戏有了别样的欢乐。在"拍球小达人"比赛前的班级日常训练中，我发现孩子们身上都透着一股"不服输"的精神。G："老师，我拍球一次能拍100个。"Y："老师，我能拍130个。"W："这有什么，我还会两个手同时拍球呢。"

听到孩子们自信的对话，我忍不住为他们竖起了大拇指！"不服输"的可不只是孩子，家长们也非常关注此次的比赛。W小朋友的妈妈每天晚上都带他在小区楼下练习，还经常分享小朋友的点滴进步：今天1分钟拍球173个，成功突破了上一次170个。不难发现，运动已经成为孩子们生活中的一部分。拍球达标结果数据显示，中班孩子"连续定点拍球"技能均已达到该年龄段标准，合格率为百分之百。喜欢运动，初步养成良好的运动习惯有利于幼儿增强体质。自进入中班以来，幼儿的出勤率相较于小班有了明显的提高且处于持续平稳阶段，坚持运动让幼儿身体逐渐强壮起来。充沛的精力和良好的情绪让孩子爱上幼儿园。T小朋友的妈妈留言告诉我，每天放学一接到他，他都会自豪地告诉家人："我太喜欢我的幼儿园了，这里有我的好朋友，老师也很喜欢我！"每每听到这样暖心的话语，瞬间就能消除我一整天工作的疲惫，相信明年孩子们也一定会以积极向上的状态进入小学生活。

中班的孩子喜欢运动，愿意参加多种形式的户外活动。如何能培养他们养成良好的运动习惯，保持充沛精力，获得良好的情绪？我们根据《指导要点》中的教育建议，家园合作，支持、鼓励幼儿积极参加户外活动，首先充分保证幼儿每天的户外游戏和体育活动时间。其次是物质上的支持，活动前最大限度地扩展幼儿运动的空间和场地，提供方便、灵活多样的体育材料，开展多种形式的游戏和体育活动，鼓励、支持幼儿选择自己喜欢的活动主题。每天的户外游戏中，除集体锻炼和游戏以外，还设有自主运动时间，孩子可根据自己的喜好来进行选择，有球类、骑行区、攀爬区、障碍跳等器材供幼儿进行自主或合作锻炼，还有每周一次的技能大循环游戏。在活动中鼓励幼儿坚持到底，不怕苦，不怕累，以欣赏、接纳的态度对待幼儿，帮助幼儿获得积极的情感体验，感受运动的快乐，做好各项身心健康准备。

二、生活准备——独当一面的小大人

3~6岁是幼儿生活自理能力发展的关键时期。幼儿获得生活自理能力是独立性发展的第一步，对其身心健康、自信心、责任感、问题解决能力都有着重要影响。中班幼儿经过小班一年的集体生活，已经具备了一定的劳动能力和经验，在教室里总能看到孩子们主动参与劳动的身影。"两扇大门关一关，两只小手抱一抱，点点头，弯弯腰，捏住两边放放好。老师你看，我的衣服叠好了!""你真能干!""老师，你帮我叠吧，我不会。""老师和你一起叠，再试一试，加油!"

鼓励幼儿自己的事情自己做，学会穿脱自己的衣服并整齐叠放好。幼儿年龄小，发展水平存在一定差异性。叠衣服技能，有的孩子练习几次就逐渐掌握了，并且会在每天的操作练习中熟能生巧；但对于个别能力弱的孩子，一旦失败就会产生退缩、依赖成人的想法。这时，如果教师或家长选择了迁就并代劳，那这个孩子将失去尝试和挑战的机会。其实我们不妨放慢脚步，和孩子一起反复多次练习，相信用不了多久，孩子一定会做得比我们想象得更好。通过班级群，教师将孩子在园取得的点滴进步及时分享给家长，取得信任的同时，家园共育促进幼儿良好生活习惯的形成。

"老师你快看，我的水培绿萝长出绿色的小叶子啦!""恭喜你，再仔细观察，还有什么新发现吗?"种植区里，每天都有小值日生给植物换水、晒太阳，观察并记录下植物的变化。春天，我们剪下绿萝长长的枝叶，尝试水培移植。在刚开始阶段，新移植的枝叶很久都没有动静，"绿萝能活吗?""怎么还没发芽呢?"这可急坏了小朋友们。功夫不负有心人，孩子们坚持每天换水、观察，小小的绿萝在幼儿的悉心照料和期盼中，终于长出了第一片嫩叶，成功的喜悦瞬间在集体中蔓延开。

幼小衔接不只在教育活动中，还藏在生活的点点滴滴里。著名教育家陈鹤琴先生提出，凡是儿童，自己能做的，应当让他自己做。幼儿园生活是幼儿自理能力形成的关键时期，点滴小事都是学习机会。《指导要点》指出，和幼儿一起制订班级劳动计划，鼓励幼儿自主确定任务分工并有计划地完成。种植区里，教师引导孩子自主确定任务，分工并有计划地完成照顾植物的工作。教育即生活，生活即教育。好习惯的路

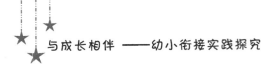

上常常伴随着坚持，只有坚持才能获得成功的快乐。

三、社会准备——做一个温暖、有力量的人

集体生活能让幼儿获得一个好的社交环境，从长远的发展来看，他们的交往合作从入园的第一天就已经悄悄在发生。

做一个温暖、有力量的人。爱不仅仅是语言，更需要行动，带着爱和希望，我们将继续前行！“老吾老以及人之老”，孝敬老人是中华民族的优良传统，也是当下孩子们需要去学习的。借助六一活动，用心制作手工作品并在哥哥姐姐的帮助下开展“爱心义卖”。“奶奶祝您健康！”“爷爷祝您长命百岁！”“爷爷奶奶，你们要多吃饭、多锻炼，身体才会更棒哦！”一句句稚嫩却饱含真诚的话语让爷爷奶奶的心融化，也感动了现场所有人。活动现场，曾参加过抗美援朝战争、91岁高龄的林志华奶奶，为孩子们讲述自己亲身经历的革命故事，让现场的孩子们切身体会到老一辈不畏艰难、传承革命薪火的爱国精神。活动结束后，钱院长激动地告诉我：孩子们亲手做的小手工，爷爷奶奶们都爱不释手，还摆放在床头的柜子上。

营造温暖的集体氛围，鼓励孩子们用自己的劳动为养老院的爷爷奶奶们献爱心、送祝福，用独特的方式表达对老人的尊敬和爱戴，帮助他们在参与活动的同时体验成就感、荣誉感。正如《指导要点》中培养集体荣誉感这一社会发展目标。深入社区进行共育活动，孩子们不仅给老人带去温暖，也给社会各界树立了榜样。社区、家庭、幼儿园三方位充分融合，是奏响全环境育人的重要旋律。

四、学习准备——支持陪伴、匠心育人

一天下午的区域活动中，图书区里突然传来这样的声音。C：“老师，我的手被图书划破了。”Z：“哎呀，好像还有一点点流血了。”T：“纸又不是刀，怎么会切开我们的肉呢？”

我们班C小朋友在生活中发现：纸张的边缘会划破手指。结合班本主题，聚焦“纸真的像刀一样锋利，能切东西吗？”这一问题。讨论中，幼儿的意见开始出现了分歧，大部分孩子都说：纸不能切东西，纸太薄了，纸软软的，切东西的时候还会向上拱起来。只有个别几个孩子认为，纸应该能切软软的东西，如橡皮泥和香蕉。追随孩子的兴趣，满足他们的好奇心和求知欲，一起来动手试一试吧！操作中，孩子们用纸探索、尝试了多种不同的方法来切开香蕉，成功的孩子在交流中总结经验，失败的孩子也在活动中不断相互学习。为什么纸可以切断香蕉？在这段有趣的探究、学习之旅中，孩子们通过亲身体验、实际操作，真正感受并发现，纸原来有锯齿状的边缘，可

以像刀子一样切割东西，所以在生活中，我们的手指有时会被纸划破。活动后，幼儿用画笔进行表征，记录下自己的新发现。纸还可以切开什么？有趣的发现让幼儿在家里也按捺不住尝试起来，持久的兴趣能促进幼儿创造力的发展。

理解和尊重幼儿独特的学习方式，将学习融入游戏活动和一日生活。C小朋友在区域游戏中不小心被图书划破了手，突发事件引起了大家浓厚的好奇心。《指导要点》指出，对身边的新事物感兴趣，有好奇心和探究欲，喜欢刨根问底，乐于动手动脑。好奇心是终身学习的原动力，呵护幼儿的好奇心，尊重幼儿好问的天性。孩子将自己实验成功的经验回家后分享给爸爸妈妈，得到了家长的一致认可。还有一位家长妈妈主动给我们打来电话，表示自己的职业具有多样性，希望能有机会参与幼儿园的家长助教活动，我感动之余也倍感欣慰。让幼儿遵从内心、满足兴趣，获得终身发展的长远教育价值，我们始终与孩子共前进。

课程启示

生命自有其规律，幼儿成长的关键阶段，离不开幼儿园、社会和家庭三方面形成合力。这一年，孩子们在游戏中洞察世界的奥秘，在交流中分享彼此的生活，在比赛中为小伙伴大声加油，在活动中为好朋友的精彩表现而鼓掌。这一年，孩子们变化很大，德、智、体、美、劳全方位都获得发展。

十年树木，百年育人，教育是一个漫长的过程。

科学衔接，一起携手，让美好未来如约而至！

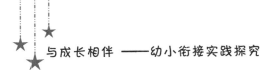

爱的三次方

从小班开始，班级围绕"甜甜的爱"为主题开展系列班本活动。作为家园社三方协同下的幼小衔接班主任工作，关键词有两个，一是"家园社"，二是"幼小衔接"。从幼儿园到小学的过渡需要些什么？与家庭、幼儿园、社会三方有什么样的关系？

《指南》和《纲要》指出，要充分尊重幼儿身心发展规律和特点，实施科学的保育教育，同时将入学准备教育有机渗透于幼儿园三年保育教育工作的全过程，帮助幼儿做好身心各方面准备，实现从幼儿园到小学的顺利过渡。

家长对幼小衔接的认识有多少呢？在班级进行了初步调查，如你对"幼小衔接"有什么想要了解的方向？你最关心孩子在园的什么问题？在调查问卷中，有一些家长直接问是否有"识字""算术"等课程，有的关心幼儿在园内的一日生活，有的想了解幼儿的受挫折能力怎么样，有的则关心幼儿学习中的专注力等。

从问卷调查中可看到，家长对幼小衔接已经有多维度的考量，不单单只是注重对学科的教育。如何让家长理解和尊重幼儿学习方式和特点呢？在中班第二学期开学的家长会中，通过亲身体验游戏到讨论再到了解班级的一日活动，这种体验式家长会让家长从一开始"幼儿园就是吃好、玩好、睡好的地方"转化为"孩子在幼儿园是玩中学，学中玩"的思维转变。

家园社三方协同下的幼小衔接离不开爱，作为班级工作更是如此，爱的三次方，三种爱的方式。

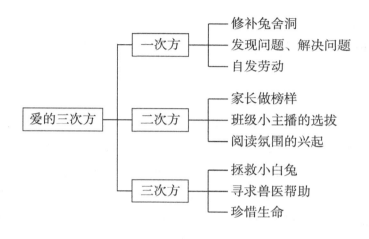

一、爱的一次方（幼儿园的支持）

幼儿园里到处都有学习的资源，以促进幼儿身心全面和谐发展。中班第一学期的鸡舍，第二学期的兔舍，小小的饲养区里孩子们又会发生什么事呢？——"修补兔舍里的洞"。

2023年3月的一天，班级来了一位新朋友"小美兔"。这只兔子生性活泼，因有了上一次照顾的经验，于是班级师生共同商议，午餐后将小美兔放入兔舍中，给它一个更加舒适自由的环境。孩子们来到兔舍后便发现了一个问题："老师，兔舍的网子破了，有洞！"Z小朋友立即说道："我有办法，我们将洞补起来就好了！"于是"修补兔舍里的洞"就此展开。孩子们会用什么方法呢？Z小朋友说："可以用轮胎把洞堵住！"Q小朋友说："我们能用清水积木，把它搭起来就像小房子一样！"W小朋友说："班里有绳子，也可以用绳子将洞补起来！"

讨论后，孩子们便开始分组：轮胎组、积木组、绳子组。小组成员们合作准备材料，轮胎组和积木组堵住洞口，这时绳子组发出了一个疑问，"剪刀可以将绳子剪断，那兔子也可以咬断啊？"

通过实验（幼儿午休时间）后，有幼儿发现并叫道："不好了，小美兔越狱了。"修补失败！带领幼儿回到兔舍里观察修补的"痕迹"，发现洞虽是堵住了，但还是有空隙，再看看绳子，没有咬的痕迹，小美兔是从空隙中钻出来的。幼儿得出结论：洞口越密，越不能逃出；绳子更结实，兔子更不容易咬断。

班级向学校进行了报备，学校立即用铁丝网对兔舍进行了加固，修补兔舍就此成功。

《指导要点》指出，保护幼儿的好奇心和主动性，并提出鼓励幼儿分享自己的发现和观点，支持他们进一步探究的想法和行动。让孩子们在主动探究中学习成长。在活动中，孩子们对"修补洞"的方法有着探究的兴趣，教师尊重孩子们的想法并提供自由宽松的氛围，让孩子们在快乐中探索。有的孩子在实施过程中发现了问题，如"兔子牙齿很厉害，会咬断普通的绳子""轮胎和积木都会有缝隙，兔子会钻出来！"这些是幼儿通过直接操作实验得到的结果，从而获得最优的解决方法。W小朋友："现在小美兔的家好新呀！"M小朋友："可屋顶上有好多泥土，还有好多树枝！"J小朋友："可以为它的家做些什么呢？嘿！打扫卫生吧！"打扫兔舍安排表已出，孩子们劳动起来了！

《指导要点》提出，参与劳动有助于培养幼儿良好的劳动习惯，提高幼儿的自理能力和动手能力，增强自信心，培养初步的责任感。随着不断地探究，孩子们开始萌发了对动物的保护情感，也是对于兔舍的环境有了更加珍惜的意识，能主动承担适当的劳动任务，如打扫兔舍。这样的劳动教育不再是一种被动的劳动，而是由心而发的一种自发劳动，这样的意义来自孩子的一种爱心与责任心。

二、爱的二次方（家庭的支持）

对孩子的教育离不开"家园合作"。从小班开始，班级便开展"爱的广播站"活动，班级老师把这个活动分为三个层次：家长领读、亲子共读、幼儿领读。家庭环境是幼儿最早接触的学习环境。我们鼓励家长为孩子做榜样，也得到家长的大力支持，第一期的反响不错，让我们进行了第二期。第二期主题是以亲子共读开展。随着升入中班后，幼儿园组织了"小小故事家"等语言类的活动。我们惊喜地发现，班级海选报名人数比预期的多很多，孩子的表达能力也明显要更加流畅，能将听到的故事完整地分享给别人。于是，我们直接提升到幼儿领读——"爱的广播站"班级小主播。本着自愿的原则，在班级进行招募、按期播报，由幼儿评选出"我最喜欢听的故事"，看

着孩子们从容大方的姿态进行表演，以及小观众们对同伴的鼓励，班级的阅读氛围越来越浓。

活动后进行了简单数据统计，班级共33名幼儿，共收到32名幼儿故事音频，其中26名幼儿能在全班进行故事表演。家长也纷纷表示，孩子现在非常喜欢听故事、讲故事，而且有的幼儿识字量也越来越大了。

《指导要点》提出，培养幼儿的倾听和表达能力，培养幼儿阅读的兴趣和能力。创造"爱的广播站"这样的环境，教师也充分尊重幼儿的个体差异性，照顾每一位幼儿的情绪和性格，提供不一样的平台让孩子更好地展示自己。

三、爱的三次方（社会的支持）

孩子们修补兔舍里的洞，是为了让小美兔有自由奔跑的空间。这样的"经验"来源于此前的小兔子"棉花糖"。"棉花糖"是第一学期中班饲养的小兔，孩子们非常喜爱这只既温顺又可爱的小白兔，每天都会带新鲜的蔬菜。

2022年11月，棉花糖刚到班级没多久，被发现食欲不佳，以为是受凉了，孩子们给兔笼铺了布，晒太阳，但连续几天情况也并没有好转。于是，我们求助家长有没有认识的宠物医院，可以治疗小白兔。Z小朋友妈妈说："我问了同事，有一家好像可以，下午接它去看病！"下午，Z妈妈给我们打来电话说："医生检查了，说是腹部硬硬的，初步判断是吃得的食物太杂导致的消化不良，也有可能是堵住了，需要拍片进一步看看，但治疗也不一定有效！"考虑种种原因，最终商议决定放弃治疗。

在班级里，请Z小朋友与同伴分享拯救"棉花糖"的过程。对此孩子们发出疑问："为什么会消化不良呢？"医生带来答案："消化不良有很多种原因，可能是食物太杂，可能是不小心误食了硬的东西，建议如果没有饲养经验，尽量不要在兔子过小或天气严峻时饲养。"

社会领域的学习与发展中，"体验"是一种非常重要的学习方式，特别是情感态度类的学习，不是简单地"讲道理"所能奏效的。虽然其他幼儿没有亲身参与棉花糖就医的过程，但倾听同伴的描述了解到生命是不可复制的。我们应该珍惜每一个生命，也学习到小兔子的饮食习惯及注意事项。"小美兔"的到来让孩子们更加细致用心地去照顾。

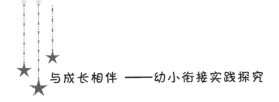

　　3～6岁是为幼儿后继学习和终身发展奠基的重要阶段，也是为幼儿做好入学准备的关键阶段。每一个活动其实都是幼儿入学准备关键素质的发展。"爱的三次方"只是班级中家园社背景协同下的一个缩影，三次方合在一起便有三种无限爱的教育力量。我们需要注重身心准备、生活准备、社会准备、学习准备四方面的有机融合和渗透，让幼儿的能力得到更好的发展。

家园社连心携手助成长

其实从幼儿园到小学，不是翻山越岭，也不是幼儿进入天壤之别的生活，而是童年生活的一种自然延伸和过渡。幼小衔接不只是从大班开始，孩子在幼儿园每个变化阶段，包括小班升中班、中班升大班都属于幼小衔接。那么幼小衔接该从何入手呢？怎样帮助幼儿做好入学准备呢？为此，教育部颁布了《指导要点》，以促进幼儿身心全面准备为目标，围绕幼儿入学所需的关键素质，提出身心准备、生活准备、社会准备和学习准备四个方面的内容。

在学习准备方面，呵护孩子的好奇心，接纳、鼓励幼儿对新事物的观察、思考和探索，及时回应他们的问题，并为幼儿提供充足的时间、丰富的材料。在社会准备方面，培养孩子社会交往与合作能力，营造良好的社会氛围，鼓励幼儿与他人合作，增强幼儿的社会交往能力、社会责任感和动手实践能力。在身心准备方面，让幼儿积极参加户外活动，提高动作协调能力，同时培养幼儿的运动精神。在生活准备方面，通过班本、区域活动，让幼儿探索自己感兴趣的科学活动，同时在活动中帮助幼儿掌握基本的生活技能。

当然，幼小衔接工作是需要幼儿园与家庭、社区之间密切联系的，从而推进家园社之间的沟通，实现幼小的自然过渡。

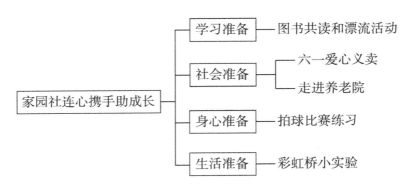

学习准备 —— 图书共读和漂流活动

社会准备 —— 六一爱心义卖
　　　　　　 走进养老院

家园社连心携手助成长

身心准备 —— 拍球比赛练习

生活准备 —— 彩虹桥小实验

一、学习准备

《指南》指出，语言是交流和思维的工具。幼儿期是语言发展，特别是口语发展的重要时期。3~6岁幼儿处于语言发展的关键期，口语交流能力的培养是幼儿语言学习的重中之重。

绿书签之图书漂流：中班开学初，我和幼儿将去年的绘本进行整理，准备让孩子们带回家，孩子们边收拾边展开了热烈的讨论。M："这本故事书还挺有趣的。我在家看了好多本故事书呢！"T："对，我特别喜欢和我妈妈一起看书，妈妈讲给我听。"L："我也看了好多书，我记得我在区域活动的时候还看过C的书呢！"C："你看过我的啊？我不知道我看的是谁的了，真好玩，我好喜欢和好朋友在小沙发上一起看书呀！"

上学期我们开展了好书推荐活动，以小组为单位，在班级进行了好书共读的环节。我们每周进行好书推荐活动，并在班级群中发送幼儿推荐好书的视频，让全体幼儿观看学习。下学期我们三个中班开展了图书漂流的活动。中一班的孩子来我们中二班进行绘本分享，我们中二班的孩子再去中三班进行绘本故事的分享，中三班的孩子以绘画的形式记录下绘本故事的内容以此来完成图书漂流活动。

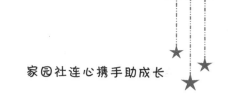

家园社连心携手助成长

二、社会准备

《指南》指出，人际交往和社会适应是幼儿社会学习的主要内容，也是其社会性发展的基本途径。

我们的六一爱心义卖活动，幼儿亲手制作了大量的手工作品进行爱心义卖。在六一游园环节时，亲子游园、亲子游戏也成了六一活动的一大亮点，同时也蕴含着无限的教育契机。孩子有学习有思考，亲子间同分享、同交流、同传递，让幼儿度过了一个不一样的六一儿童节。

去养老院的话，我们可以做些什么呢？听听孩子们怎么说的吧。K："我想表演节目给爷爷奶奶看！"M："我最近学了新的歌曲，想唱给爷爷奶奶听。"T："我想做花朵送给爷爷奶奶。"J："那我想画画送给爷爷奶奶！"通过讨论，孩子们商量出各种给爷爷奶奶献爱心的活动：送礼物（自制画、手工摇摇乐、手工花等），表演节目，和爷爷奶奶一起做游戏。

幼儿表演节目和爷爷奶奶玩小游戏，将自己亲手制作的手工花、手工摇摇乐、自制画都送给爷爷奶奶们。通过这次活动，孩子们不仅初步了解养老院中爷爷奶奶的生活，同时也让孩子们从小养成尊重老人、关爱老人的良好品德。家长在前期采购和运送小椅子上给了我们最大的支持，真正做到了家园社连心，携手助成长。

三、身心准备

《指南》指出，发育良好的身体、愉快的情绪、强健的体质、协调的动作、良好的生活习惯和基本生活能力是幼儿身心健康的重要标志，也是其他领域学习发展的基础。球作为幼儿喜爱的游戏材料之一，拍球活动也深受孩子们的欢迎。于是，我们开启了"拍球小达人"系列活动，拍球的故事就开始啦！J："我想和L一起拍球，因为他拍得很快，感觉他好厉害啊。"Z："我想和其他班的小朋友比一比。"W："一只手拍球太简单了，左右手交替拍球我也会。"

在拍球展示前，各班需要选出5位小朋友进入年级组展示。孩子们为了这次活动个个都很上心，不管在家里、幼儿园，都有他们练习的身影。到了班级海选赛的日子，每位小朋友都不甘示弱，快来看看我们的海选现场吧！

孩子们经过几个月的练习和比赛活动，对拍球技能有了一定的了解和熟悉。家长在带孩子进行赛前练习时，意外地发现没有怎么看过他们在家中拍球，竟然能连续拍球，并且数量上也出乎了家长的意料。

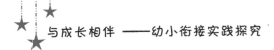
四、生活准备

《指南》指出，幼儿科学学习的核心是激发探究兴趣，体验探究过程，发展初步的探究能力。5~6岁孩子处于幼儿时期发展的最高阶段，在他们生理和心理方面有着自己的特点，不再满足于追随、服从，而是有了自己的想法主见，对事物与现象有浓厚的探究兴趣。

本学期我们以科学探索为起点，围绕"纸"进行幼儿喜欢的科学活动。在一次区域活动中我发现，小朋友们对于科学区的色彩盘十分感兴趣，在实验中体验两种颜色融合而产生不一样的颜色。于是，我在科学区投放了水彩笔和纸，幼儿开始用自己的方法观察两种颜色融合后的变化，开始用水彩笔在纸上进行尝试，看调色盘给出的答案是否正确。J："蓝色加红色变成了紫色！" Z："你看看我的，白色加上橘色怎么还是橘色呢？"

我根据颜色融合出现的效果投放了科学小实验的材料——彩虹桥。这次我们投放的是很简单的操作材料：水彩笔、纸巾、透明塑料杯等。幼儿在长条纸巾的两端用水彩笔涂上彩虹色，再将两头浸入装满水的透明杯中，此时会出现两边色彩交接成彩虹桥的现象。这属于一种毛细现象，但幼儿在实验中感受到了颜色叠加后的变化，以及多种颜色同时混在一起会变成深色。

我们也将这次小实验让幼儿带入了家中，与爸爸妈妈一起进行亲子小实验，效果也是十分的精彩。亲子之间的合作培养了孩子的团队协作能力，同时让孩子认知这个多彩的世界，激发他们的潜能。同时，家长与孩子一同交流并合作完成实验，通过这种具体活动实现的交往更具有意义。

课程启示

通过一系列的活动，我感受到幼儿园是育人的主体，家庭是第一课堂，而社会则是学生成长实践的大课堂，只有三者共同作用，才能实现好的教育效果。儿童时期的教育对一个人的成长来说尤为重要，而在儿童时期播下良好的种子，之后才能生根、发芽、开花，结出丰硕的果实。希望通过家园社三方面的合力，让幼儿科学做好各项准备，帮助他们幼小顺利衔接。

家园社协同推进大班幼儿劳动教育

　　在中班清理沙池活动中，幼儿初步感受到清理活动的乐趣，当班级桌面有遗留的玩具、水彩笔，以及教室角落随意摆放的物品时，总会有幼儿说"我来，让我做。"可见幼儿劳动意识正逐步形成。

　　《指导要点》指出，幼儿入学准备以促进幼儿身心全面和谐发展为目标，注重身心准备、生活准备、学习准备、社会准备的有机融合和渗透。基于此，幼儿园的劳动活动需要满足幼儿对生活的了解，在思考、讨论中获得对劳动意义的重新认知，培养幼儿独立思考、乐于倾听接纳的学习习惯，为幼小衔接做好学习准备；劳动需要明确任务，幼儿通过合作协商、共同制订劳动任务后能自觉、主动地完成，具备初步的任务意识，为幼小衔接做好社会准备；参观小学，进一步了解小学生的劳动活动，激发幼儿的入学期待，为幼小衔接做好身心准备；参与劳动有助于培养幼儿良好的劳动习惯，提高幼儿自理能力、动手能力，以此增强自信心和责任意识，为幼小衔接做好生活准备。

　　幼儿的劳动教育不仅存在于幼儿园，家庭、社区也是劳动教育的责任主体及教育场域。《关于全面加强新时代中小学劳动的意见》指出，将劳动教育贯穿于家庭、学校、社会各个方面，综合实施劳动教育，整合家庭、学校、社会各方面的力量，形成协同育人的格局。因此，幼儿劳动教育是一项系统工程，需要依靠幼儿园、家庭、社区三方的教育力量协同构建常态化的幼儿劳动教育体系。

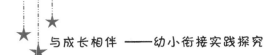

主题脉络

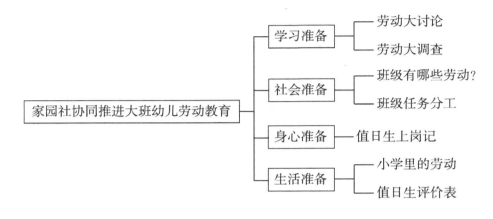

家园社协同推进大班幼儿劳动教育

- 学习准备
  - 劳动大讨论
  - 劳动大调查
- 社会准备
  - 班级有哪些劳动？
  - 班级任务分工
- 身心准备
  - 值日生上岗记
- 生活准备
  - 小学里的劳动
  - 值日生评价表

实施过程

一、学习准备——劳动大调查

随着大多数幼儿劳动热情的高涨，其他的幼儿也纷纷主动当起老师的小帮手，帮忙洗碟子、挂毛巾，越来越多的幼儿参与当中。C常常会抢着说："我来干活。"X说："这叫干活，也叫劳动。"劳动是什么呢？我们展开了大讨论。"劳动就是修车、洗车子。""劳动就是洗衣服、晒衣服。""劳动就是收拾玩具。""劳动就是做值日。"

从幼儿的讨论、绘画中，可以看到幼儿眼中的劳动是一件具体的事物或行为，是为他人服务的行为。大多数幼儿对劳动的认识仅停留在班级劳动中，擦桌子、擦碟子、扫地，这些劳动形式较为局限、单一。因此，进一步了解幼儿对劳动的认识，有助于启发我们开展更多形式的劳动。对于我们身边的劳动者，我们采用绘画记录和语言表述进行分享。你见过哪些劳动者？"警察叔叔在马路上指挥交通。""消防员拿着灭火器救火。""厨师洗菜、切菜、做饭。""保育员会清洗毛巾、清洁桌面、地面。""老师会带小蜜蜂给小朋友讲故事。"

生活决定教育，教育不能脱离生活。幼儿的劳动教育主要通过参加简单的劳动活动和认识成人劳动来进行，从而获得关于劳动的新体验，感悟劳动的光荣。因此，我们结合讨论、视频欣赏，从贴近幼儿一日生活的地方和人物着手，开展劳动体验活动，如晨间入园会有保健老师进行入园测温、检查，厨房阿姨要早起摘菜、洗菜、烹饪，保育员会清洗毛巾、清洁桌面、地面，班级老师会引导小朋友整理书包柜、玩具等。幼儿发现自己也可以像成人一样量体温、摘菜、整理柜子，自主萌发想要参与劳动的想法。《指导要点》提出，专注力、坚持性、计划性等学习习惯的养成，有助于幼儿入学后更好地胜任新的学习任务，且受益终身。当幼儿在劳动大讨论中，教师给予幼儿充分的时间思考、讨论、表达自己的观点，接纳不同幼儿的想法，为良好学习习惯做好准备。

二、社会准备——劳动任务分工

在幼儿的讨论记录中，大家认为值日生是本领最大、最愿意帮助别人的，值日生的任务是为他人和集体服务。那幼儿园里的一日生活中会有哪些值日生任务呢？这引起了幼儿又一次思考。班级值日生需要做哪些事情呢？怎么安排？"量体温、整理玩具柜、睡前管理（检查鞋子摆放和裤子叠放整齐度）。""扫地、擦碟子、换乌龟水。""我们来做个调查吧。"经过分组讨论、同伴协商，最终得出八项劳动内容，有量体温、整理玩具柜、睡前管理、扫地、擦桌子、擦碟子、照顾植物、整理书包柜，每人可自由选择劳动任务。劳动能力强的幼儿可自愿承担两项任务，投票选择的过程给予幼儿充分的自主权，也激发了他们的劳动热情。

值日生的任务分工过程中，幼儿需要认真倾听同伴想法和建议。如果某一任务多人选择时，幼儿就需要小组内协商、交换等方法解决。这样的协商丰富了幼儿分工合作的经验，有助于提高他们合作交往能力。《指导要点》提出，大班下学期，应强化幼儿任务意识，有意识地布置一些与入学准备相关的任务。整理书包和学习用品有助于幼儿提前适应小学生生活要求，做到独立完成任务，具备任务意识和执行任务能力。

三、生活准备——值日生日记

随着值日生活动的进行，也出现了各种问题。"值日生忘记值日了？""今天的擦桌子的值日生没有擦桌子。""柜门开着，值日生也没有关。""我不知道今天是谁值日。"我们的好办法："把值日生号码记下来，我们可以提醒。""画个表格，每个人的号码写下来。""做一个值日生牌子，看到牌子就知道谁今天值日。"

我们设计了一周值日生计划表，周一到周五实行轮岗制，在任务栏中标注每个人的专属标记和学号，每名幼儿都能参与值日生工作。同时，每名幼儿根据自己选择的劳动任务，设计了值日生名牌。幼儿每天来园就要挂上名牌，做好当天的值日任务。若当天值日生忘记了，也可以通过值日安排表及时提醒，保证幼儿规律的劳动习惯。有了值日生安排表和名牌，幼儿对自己的劳动内容和时间很清楚了，这提高了幼儿的任务意识。值日生晨间入园，就会对照安排表佩戴值日生名牌，做好当天的值日生工作。逐渐地幼儿能记住自己的值日时间，并进行自我管理，逐渐形成劳动意识。

"如果值日生请假了怎么办？" "今天的值日生请假了，桌子没人擦了。我们的办法："明天的值日生替他做吧。" "我愿意帮助他，他是我的好朋友。" 随着顶岗的值日生出现，值日生的工作得到持续性开展，幼儿在劳动中相互配合、分工合作，提高了参与劳动的积极性。在每项劳动内容中，学会了很多劳动技能，并能关注、学习同伴的优点，调整自己劳动行为。

劳动是一种贴近生活本质、赋予孩子幸福生活能力的教育。作为幼小衔接的一部分，不单幼儿园里要有劳动，家长带孩子做做力所能及的家务劳动，更能有效提升幼儿的生活技能。在家里可以做哪些劳动呢？"我在家每天都洗袜子，还帮我爸爸洗袜子。" "每天我都会收拾玩具柜。" "我会扫地、擦桌子。" "我会给家里的小花浇水。" "在家里我都自己叠衣服、叠被子。" "我会收拾自己的小房间，本子和笔都摆得很整齐。" "有时候我还会帮妈妈做饭，洗菜、摘菜我都会。"

值日生按照值日生对照安排表，做好班级的值日生工作，并逐步形成自我管理和服务的意识，有助于增强其独立性和自信心。家务劳动是幼儿劳动内容的重要组成部分，家园合作是培养幼儿良好劳动习惯的重要途径。参与劳动是幼小衔接生活准备中的子目标，鼓励幼儿在家承担力所能及的劳动，有助于培养幼儿良好的劳动习惯，提高幼儿的自理能力和动手能力，增强自信心，培养初步责任感。通过家庭劳动清单，让家长肯定幼儿的劳动表现，让幼儿在主动分享中，获得自己、同伴的认可，形成劳动意识，增强责任感。

四、身心准备——小学里的劳动

"幼儿园里有劳动，小学里会有哪些劳动？" 参观小学前大家议论起来，"小学生需要整理书包柜、擦桌子、扫地吗？" 询问了小学的老师和哥哥姐姐，幼儿得到了新的发现。W说："我姐姐是小学生，他们班值日生要扫地、还要倒垃圾，做得更多。" X说："小学还有大扫除。" T说："小学生还要考试、写作业，也是劳动，姐姐告诉我这是脑力劳动。"

通过走进小学，幼儿对小学的劳动有了初步的认识，知道小学生会掌握更多的劳动技能。为帮助幼儿建立积极的入学期待，从参观小学前期、中期、后期，我们都做了充足的准备，了解幼儿对小学的疑问，有针对性地解决问题，帮助幼儿获得新的认识。同时，从幼儿对小学劳动的兴趣点出发，正面引导，减少对小学的负面感受，为成为一名小学生，做好身心准备。

我们一起制订了值日生评价表。幼儿成为值日生后会有意识地严格要求自己，让自己符合值日生标准，也会有意识为同伴服务，行使值日生职责，在此过程中，幼儿的责任感、自我成就感得到提高。

在值日生评价表中提到：你认为自己的值日生做得怎么样？最美值日生的小红花送给谁？ Y："我记得我是周一做值日，我擦碟子擦得很干净，就是有时候小朋友会把装满水的碟子给我，还会把没擦的碟子和擦过的碟子放一起，我觉得不太开心。" T："我觉得17号做值日生时最认真，她经常帮小朋友值日，洗杯子、整理柜子、挂毛巾，我要把小红花送给她。"

保持良好的情绪状态，具有一定的情绪表达能力，有助于幼儿积极适应小学新的环境和人际关系。幼儿担任值日生中，经常会遇到同伴不配合的情况。为了增强幼儿之间劳动的合作与交流，我们开展值日生自评与互评，根据自己担任值日生期间的表现及发现的情况，说一说、画一画。依据评价标准进行自评与互评，既可以增强幼儿自信心，又可以为其他幼儿树立学习的榜样，从而强化幼儿的任务意识。

课程启示

3～6岁是为幼儿后继学习和终身发展奠基的重要阶段，也是为幼儿做好入学准备的关键阶段。开展持续丰富多样的劳动教育活动，树立幼儿的劳动意识，培养幼儿热爱劳动的良好习惯，让即将离开幼儿园的大班幼儿，不仅亲身感受到丰富的劳动活动，也获得劳动的真实体验，实现自我价值的满足，增强了责任意识和问题解决能力。我们欣喜地看到，孩子们出现问题时，能够通过集体智慧、共同努力，相互配合、相互帮助来解决，同时在活动中获得了能力的提升和经验的增长。在家园社协同努力下，幼儿的劳动能力不断提升，劳动经验不断丰富，进而形成自主劳动意识。在自评与互评中，幼儿学会了从自我服务到为集体服务，懂得了每个人的幸福成长都是靠辛勤劳动获得的，要珍惜并且感恩别人的付出，为顺利进入小学生活打下了坚实的基础！

家园社奏响幼小衔接新方向

课程起源

　　进入大班后，孩子们对小学的各种话题充满了好奇，小学里的一些活动也成了他们日常最关心的话题。某日谈话活动时，孩子们就你一言我一语地讨论了起来。M："我姐姐上3年级，她的书包很重，里面有很多书和本子，还有文具盒。"N："我妈妈说等到9月份，就可以上小学了。"P："哥哥说，上小学不能迟到，教室里也没有玩具。"Y："小学教室没有床，中午不能在学校睡午觉。"B："小学还要回家写作业、考试呢，有很多的课要上。"H："小学的老师能不能陪我们玩区域游戏呢？"

　　大班孩子毕业后即将迈进小学的大门，实现基础教育阶段的第一个转折，这也是儿童成长过程中的一个重大转折。孩子们对小学神秘的学习生活充满着向往和期待，他们既渴望又不舍。为了帮助孩子们顺利度过人生的第一个转折期，我班以"嗨，小学"为主题开展了幼小衔接系列活动，让孩子们提前感受、了解小学生活，为孩子进入小学做好充分的准备。

　　从孩子们的谈话中可以看出，孩子们对小学生活的一知半解，多多少少有一些担心。我们从身心准备、生活准备、社会准备、学习准备这四大块出发，组织了幼小衔接系列活动，为孩子进入小学做好充分的准备。

主 题 脉 络

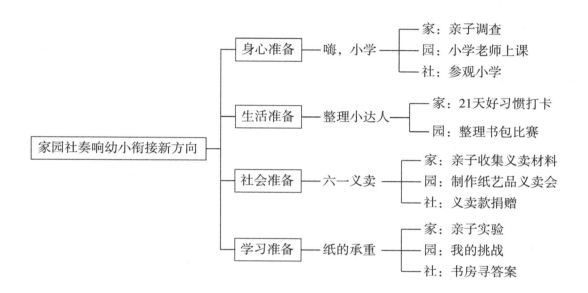

```
                                          ┌─ 家：亲子调查
                        身心准备 ── 嗨，小学 ─┼─ 园：小学老师上课
                                          └─ 社：参观小学

                                          ┌─ 家：21天好习惯打卡
                        生活准备 ── 整理小达人 ┤
                                          └─ 园：整理书包比赛
家园社奏响幼小衔接新方向 ┤
                                          ┌─ 家：亲子收集义卖材料
                        社会准备 ── 六一义卖 ─┼─ 园：制作纸艺品义卖会
                                          └─ 社：义卖款捐赠

                                          ┌─ 家：亲子实验
                        学习准备 ── 纸的承重 ─┼─ 园：我的挑战
                                          └─ 社：书房寻答案
```

实 施 过 程

一、身心准备——嗨，小学

《指南》在健康领域的身心状况中，提出了促进幼儿具有一定适应能力的发展目标。人的适应能力既体现在身体对内、外环境及其变化的适应上，也体现在对社会环境的适应上，即我们常说的社会适应能力。我们应帮助幼儿建立入学期待、了解小学的生活等，这样才有助于幼儿积极适应小学新的环境。

基于孩子们对小学的向往好奇，我们选择了离幼儿园最近的赫山小学作为参观点。2022年4月2日，当我告知孩子们即将带领他们去参观赫山小学的消息时，孩子们个个都很兴奋，七嘴八舌地讨论了起来。P："小学一个班有多少小朋友？"X："小学里有跑道吗？"Z："小学有几个老师？"在老师的帮助下，孩子们将问题进行了梳理汇总，变成了一张"小学知多少"调查表。利用周末的时间与爸爸妈妈去走一走，看一看，

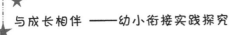

问一问并共同完成了调查内容。

4月24日，我们徒步来到了赭山小学。M说："哇，这间房子好多书啊，比我们的图书角的书还多。"C说："这些材料是用来做实验的吗？"Y说："小学的操场可真大啊！"W说："嘘，哥哥姐姐在上课，不能讲话哦。"在回幼儿园的路上，S对我说："老师，原来上小学后，是两个人坐一张桌子啊。"M对我说："老师，原来桌子的抽屉可以放书本，就和我们幼儿园的圆弧柜一样，放我们自己的东西。"X对我说："老师，下课铃声一响，小朋友们就可以找好朋友去玩，我看到几个小哥哥在玩迷宫呢。"回到幼儿园后，我们一起对这次参观小学的活动展开了谈话活动。孩子们也通过画笔描绘出了"我眼里的小学"。

通过这次的参观活动，我们发现孩子们普遍印象最深刻的就是小学的上课情景。紧接着，我们邀请了小学的老师来到幼儿园，带领孩子们开启了一场"小学之旅"。

"圆圆的，鼓鼓的，能滚的就是球体"，"刚刚的游戏我答对了，机器人身上有6个球体"……孩子们在课后意犹未尽地讨论着刚刚上课的内容。在亲身体验中，孩子们再次感受小学课堂与幼儿园的不同之处。

我根据孩子们的需要和兴趣出发，给孩子们更多的空间去实践、思考。孩子们一次偶然的对话让我感受到他们对上小学的复杂情绪，即焦虑向往和好奇交织在一起，使我意识到他们需要在经验的不断建构中建立起对小学的正确认识。于是，我在了解孩子们已有经验的基础上，鼓励他们积极思考，尝试用自己的方法认识小学。当孩子们真正走进小学，亲眼看见小学生活多姿多彩时，就会萌生想要成为小学生的美好愿望。

二、生活准备——整理小达人

在一次美术活动中，X的水彩笔找不到了，着急地大哭起来。最后在好朋友的帮助下才找到了，但是他的画却没有画完。针对这次的小插曲，我进行了一次谈话活动。"X的柜子太乱了，所以他找不到水彩笔。""整整齐齐的柜子看上去舒服，找东西又很快。""我们要把自己的物品收拾整理好，这样再拿就很方便。"孩子们你一言我一语地说起来，我借此机会让孩子们进行了收纳整理圆弧柜。"我的柜子里东西太多了。""这张纸我不需要，橡皮应该放在铅笔盒里。""这个黏土作品应该放在美工区。"

通过整理柜子活动，孩子们发现了问题，寻找解决方案，最后得出了结论。"圆弧柜里应该放经常用到的物品。""用完的物品及时归还原位"，"画和手工作品不应该被放柜子里"最后孩子们还给柜子画了收纳设计图。为了提高孩子们的收纳整理的持续性和自主性，以及家园共育的一致性，我们开展了"21天好习惯养成打卡"。"老师，你在群里看到我妈妈发的我自己整理书桌的视频了吗？""老师，你看我和Y的柜子收拾得多整齐，这个星期的流动红旗一定是我们组的！"看着孩子们积极的样子，真为他们感到骄傲。

伴随着收纳整理的热潮，我们在班级内开展了书包整理大赛。"书包里的物品要一样，比赛才公平！""1分钟内谁最快，收得最整齐才算胜利。""每桌要有一个裁判……"

我认为要在一日生活中为幼儿"创造条件、大胆放手、减少干预"，支持幼儿制订自己需要的规则，让幼儿尝试自我服务、自我管理，从而培养他们的生活掌控感，获取高质量、长时间的学习内驱力。孩子们自己从乱糟糟的柜子得到了启示，我抓住了其中的教育契机进行引导，让幼儿自发进行如何有效收纳的探索。开展整理书包比赛，为幼儿提供平台展示成果，以及开展"21天好习惯打卡"，与家长联手实施对幼儿好习惯的培养。

三、社会准备——六一义卖活动

借着六一主题活动的契机，结合家长资源、社区资源，以生动有趣的形式开展义卖活动。在跨班级、跨年龄的活动中，创设自由交往的机会，让幼儿在活动中丰富交往经验、提高交往能力。

"我想要卖东西。""我想要卖我们上次制作的纸书签，弟弟妹妹们一定会喜欢。"孩子们在得知进行手工义卖后，高兴地讨论着。可是到底卖什么呢？孩子们意见不统一，在进行投票决定后，孩子们将花草纸、纸扇、纸书签、手工黏土作品作为义卖的商品，以小组为单位进行了分工合作。制作前期，我们去了中央公园采摘花草叶，在亲身体验收集材料的过程中，认识了很多植物；向爸爸妈妈征集榨汁机、石臼；收集废旧的纸张。《指导要点》提出，培养集体荣誉感，愿意为集体出主意、想办法、做事情。教师应营造温暖的集体氛围，创造条件和机会，鼓励和支持幼儿为班级和幼儿园的集体活动定计划、做准备并积极参与。

随着孩子们紧锣密鼓筹备，六一义卖活动如约而至。5月31日，幼儿园的操场上热闹非凡。售卖区："快来买我们的花草纸，这张花草纸上的植物叫鹅掌楸"，"我们的纸扇又好看又便宜，扇出来的风特别大，快来看一看呦……"售卖区的孩子们卖力地吆喝着，红红的小脸蛋上挂着颗颗汗珠。制作区：瞧，小Q在纸扇上专注地画着，扇面上的花儿像真的一样；旁边的小P对路过的顾客说："这是纸扇工艺坊，我们制作好就会送到旁边去卖哦！"小C小心翼翼地摆放花草叶，认真做着花草纸。拍卖行："首先请大家看一号展品，这是大三班手工作品——花草纸。欢迎大家选择我们的作品，一定不会让你失望。"小B自信地介绍着我们班的拍卖商品，"我出100元"，"有更高的价格吗？""我出130元"……在紧张刺激的喊价环节中，最终以200元成交，小B激动地高喊："成功啦，成功啦，我要告诉小C。"《指导要点》建议，丰富幼儿分工合作的经验，提供材料、创设条件，引导和支持幼儿合作开展活动，体验合作的重要性。作为教师应多为幼儿提供需要大家齐心协力才能完成的任务，让幼儿在具体的活动中体会合作的重要性，学会分工合作。最后六一义卖所筹得的款项，也捐给了困难儿童，让孩子们学习感受爱、理解爱、传达爱。

有效的教育从幼儿的兴趣入手，生活入手。抓住幼儿想要参与义卖活动兴趣，通过DIY制作和买卖的活动形式，促进了孩子们人际交往和社会性的发展。同时，通过义卖捐款，培养了幼儿乐于助人、乐于奉献的品质。整个义卖活动开展和准进的过程，其实也是一个教学相长的过程。

四、学习准备——纸的承重

教师作为支持者、引导者，应和幼儿一起发现并分享周围新奇、有趣的事物或现象，一起寻找问题的答案。正如《指导要点》指出，好奇心是终身学习的原动力。呵护幼儿的好奇心，尊重幼儿好问的天性，有助于幼儿对周围世界保持持续的探究欲望，不怕困难，积极主动学习。大三班的孩子们对生活中常见的纸有极大的兴趣，从中班时期的纸浆造纸，制作花草纸，探秘纸的吸水性、古法造纸等，探索的步伐从未停止。"快来看，小Y的纸能承受雪花片的重量。"科学区响起了一阵欢呼。"为什么我总是失败，纸一会儿就倒了？"

纸到底能不能承受重量？能承受多重的重量呢？为什么有的人实验成功，有的人却失败呢？是纸的原因吗？孩子们你一言我一语地讨论着。《指导要点》提出，幼儿有浓厚兴趣作为集体讨论的话题，应鼓励幼儿分享自己的发现和观点，支持他们进一步地探究和行动。带着一系列的问题，我们开始了"一张纸的挑战"实验，我们将在家和爸爸妈妈做成功或失败的实验发到了班级群，看看大家都用了什么样的好办法。

"原来只要改变纸的形状，纸自然而然就能承受重量了"，发现了这个秘密后，孩子们随时随刻在班级就会进行比拼，看看谁的纸承受的雪花片最多。在一次次比拼中，我们又发现了原来纸卷成柱形，增加数量，改变粗细，调整摆放的距离可以让纸承受更多的重量，小小的纸有大大的力量。"你们猜猜纸能承受人的重量吗？""我猜可以。""我反对，人那么重！"

孩子们争执不下，跑来找我寻求答案。我对他们说："眼见为实，耳听为虚，我们一起来试试吧！"我和孩子们又一起展开了新一轮的挑战——纸上站人。《指导要点》

提出，鼓励幼儿独立思考，为幼儿提供充分的时间思考、讨论和表达自己的观点，接纳幼儿不同的想法。鼓励幼儿积极补充同伴的观点，并说明理由；对别人的观点有不同意见时敢于大胆质疑并陈述自己的观点。作为教师，应接纳幼儿的不同想法，这有利于培养幼儿独立思考和敢于表达的良好学习品质。

有了之前的经验，这一次孩子们开始自己收集材料，与小伙伴们合作实验，卷、折、叠、摆……小手忙个不停，小嘴讨论不休，大家忙活得不亦乐乎。我在一旁静静观察，第一次失败告终，第二次失败告终，第三次还是失败告终。难道结果真的是失败吗？无论做多少次都不行，我都想放弃了。"Y失望地说。看到孩子们动力不强，我对大家说："我们可以在书中寻找答案。""老师，还可以让爸爸妈妈帮忙在手机上查找。"大家纷纷出主意。转折来了，B说："我在书房看见纸做的凳子，周末我让妈妈拍照片给大家看。"Y说："我在视频上看到纸上面可以站人，我们再试一试吧！"他俩的话点燃了大家继续探索的斗志，我也配合孩子们，为他们提供需要的材料。《指导要点》建议，支持幼儿持续的探究行为，即分析幼儿在探究活动中可能获得的发展，提供充足的时间、丰富的材料支持幼儿持续、深入进行探究，寻找问题的答案。当我看到孩子们遇到瓶颈期，采取了教师的支持策略，引导他们继续探索，寻找"真相"。这培养了孩子们遇到困难不放弃，积极思考、动手动脑的学习品质。

最后一次的实验中，我们把纸卷得厚厚的、紧紧的，距离相等排列，并选择了新的硬壳绘本放上面，站上去的小朋友要脱鞋，不能抖。这些实验条件都是孩子们总结出来的。现在来看看我们的结果吧！

好奇好问是非常重要的学习品质。我们应守护好孩子的好奇心，接纳、鼓励他们对新事物观察、思考和探究，及时回应他们的问题。同时，为幼儿提供充足的时间、丰富的材料，支持他们持续、深入地寻找答案。

纵观幼小衔接系列活动，我的体会是家、园、社三位一体，你中有我，我中有你，相互依存，共同助推幼儿的发展。教师当好掌舵人，以《指南》为导向，科学做好幼小衔接工作，缩短幼儿园到小学的过渡期。

你好小学

大班幼儿对上小学无限憧憬，充满了对小学生活的好奇，小学到底是怎样的呢？它好玩吗？它和幼儿园一样吗？这些和孩子切身相关的问题会促使他们去思考、去行动。因此，幼小衔接对大班幼儿至关重要，是孩子们踏入小学的基石。幼儿园、小学这两个阶段的教师教学方法、课堂环境氛围、课程理论知识、师生关系等多方面均有较大差异。幼小衔接工作的开展将促进幼儿良好学习态度、学习习惯的形成，以及身体、心理的平稳发展。本学期，我们开展了幼小衔接系列活动，家庭、幼儿园、社区三方协同教育，共同为孩子踏入小学校园奠定良好的基础。

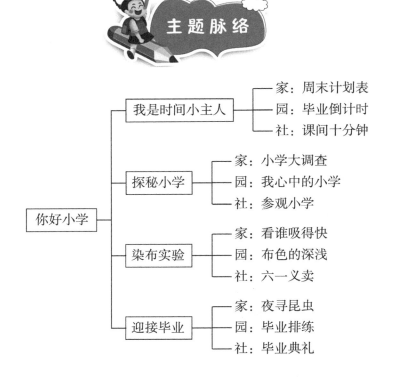

实施过程

一、生活准备——我是时间的小主人

本学期是幼儿在幼儿园的最后一学期，孩子们每天讨论最多的话题就是"上小学"。他们对小学生活充满了憧憬和好奇，同时又对幼儿园依依不舍，还能在幼儿园待多久，成了孩子们最关切的问题。距离幼儿园毕业还有多长时间呢？我们带领孩子们认识了日历，一起制作了"毕业倒计时"并贴在墙上大家一起数一数，"距离幼儿园毕业只剩下 66 天了"。可视化的倒计时，能够让我们更加清楚地感受时间的流逝。

在参观小学时，孩子们还发现幼儿园和小学有许多不同。小学书包里都是学习用品，还有课间十分钟，这和我们的户外活动很相似但又好像不一样。孩子们通过询问小学的哥哥姐姐，了解到课间十分钟就是休息的时间，可以想做什么就做什么。于是，我们在班级内开设"课间休息倒计时"，在幼儿喝水盥洗时，规定好时间进行倒计时，从而让幼儿感受课间十分钟的长短。在每周开展数学操作活动时，进行计时，让幼儿明白完成任务需要多长时间，感受时间的重要性。

对于小学和幼儿园的不同之处，大家最关心的就是作息时间了。"到了小学会不会迟到呀？""每天晚上还有作业，那我还能练琴吗？""上小学后，每天几点才能睡觉呢？"根据孩子们的问题，我们开展了"周末计划表""我的学习计划"等亲子活动，家长和孩子一起制订计划并完成，培养幼儿在家的任务意识，为幼儿迈入小学校园做好准备。

通过多种方式，引导幼儿在日常生活和游戏中感受时间，学会按时作息，养成守时不拖沓的好习惯。幼儿的活动源于生活，是不断变化的，培养孩子的时间观念也不仅仅是拿起时钟和认识时钟那么简单。本学期幼儿园从身边的各项小事入手，帮助幼儿认识时间、规划时间，引导幼儿学会制订计划表，以这种方式使幼儿懂得珍惜时间，学会管理时间，从而养成良好的时间观念。

二、身心准备——探秘小学

对于孩子来说，小学是一个陌生又向往的地方，每个孩子心中都有对小学无限的遐想。小学里有什么？它和幼儿园有什么不一样的地方？为了能更直观地了解小学，

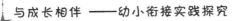

我们组织了一次参观小学的活动。参观活动开始前进行了亲子调查，家长和孩子一起去调查离家最近的小学是什么样的，画一画去小学的路线图。幼儿园内教师引导孩子用绘画的方式描绘出心目中的小学。Z:"我看见过，小学有大大的操场。操场上有许许多多的树，下课了我们可以去操场上打篮球。"W:"小学就像城堡一样，很高很大。"Y:"小学每周一都会去操场升旗，操场上还有乒乓球台。"

那小学究竟是什么样子的呢？2023年4月24日，孩子排着整齐的队伍、背着小书包来到了赭山小学。在小学老师的带领下，参观了小学的教室、功能室、图书馆、洗手间等活动场地，观看了哥哥姐姐们的课间活动。孩子们还亲自体验了小学的数学课堂，他们发现好像学习的内容和幼儿园不太一样。小学的哥哥姐姐还带领孩子们参观少先队史馆，了解了许多少先队员的故事。有趣的是，孩子们还变身成小记者采访了小学的哥哥姐姐，说出了自己的疑问和好奇。经过哥哥姐姐们的解答，孩子们对迈入小学生活更有信心了。

通过一系列的参观、感受，近距离了解到小学生的学习环境，也初步辨别了小学与幼儿园生活的区别，更感受到了小学生活的无限魅力。从创设良好的心理环境，让幼儿大胆表达内心的想法，到亲身体验感受小学的不同，参观活动为孩子的幼小衔接上了最生动的一课。同时，亲眼观察、亲耳聆听、亲身体验，激发了幼儿对小学的向往，为顺利进入小学奠定了良好的基础。

三、学习准备——染布实验

关于布的吸水，孩子们产生了很大的兴趣，经过与家长多次实验，孩子们发现每种布料的吸水速度都不一样。在一次次吸水实验中孩子产生了新的问题"吸有颜色的水会怎样呢？"于是，我们进行了实验，孩子们首先进行猜想再进行实验，将四块不同的布放进染料浸泡，经过两天的浸泡发现只有蓝色的小花棉布可以染上色，并且上面的白色花瓣部分染上的颜色更明显。孩子们得出结论：原来白色棉布染色效果最好。于是，我们就开始了染布之路。

通过染手帕孩子们发现，有的布染出来颜色深，有的颜色浅。经过孩子们热烈地讨论得出可能是与染的时间长短有关。于是，我们再次进行了实验，将四块同样的白色棉布，放进染料浸泡，每隔一天拿出来一块进行记录。最后，四块放在一起后得出结论：浸泡的时间越久颜色越深，浸泡的时间越短颜色越浅。

经过几次染布，孩子们对染布产生了浓厚的兴趣，于是我们开始尝试扎染。幼儿学习扎皮筋的方法，从随意扎再到叠布扎成想要的形状，从扎染再到夹染，从普通的染料染再到探索古法染布的方式，各式各样的染布方法让孩子们感受到了染布的魅力。

在六一活动中，孩子们和家长一起将染好的布艺品进行义卖，每当看到自己制作的东西售卖出去，孩子们都产生了浓浓的自豪感。

四、社会准备——迎接毕业

毕业前夕，我们和孩子们一起回忆幼儿园三年的生活和学习，并拍摄了毕业照和毕业微视频。关于毕业典礼主题的活动，我们倾听了孩子的建议。"毕业典礼可以准备很多好吃的，让小丑来吹气球。""我们可以唱歌、跳舞，邀请爸爸妈妈来观看。""还可以在舞台上挂满气球，我们一起做游戏。"孩子们七嘴八舌地讨论着，对毕业活动充满了期待。最后参考了孩子们的想法，我们进行了"与昆虫邂逅共生命成长"毕业典礼系列活动。

活动前期，开展了仲夏夜观寻黑夜里的小昆虫。小朋友在家长的陪同下夜观自然、倾听天籁，探秘夏夜蛙声虫鸣的动物世界。夜幕降临时，孩子们拿起手电筒开始寻找小昆虫。科学老师通过昆虫标本，引导孩子们了解昆虫的结构，带领他们在草地、树干上、道路旁等地，搜寻各种形态各异的昆虫。每当孩子们发现一种昆虫时都惊喜不已，并且全神贯注地听科学老师讲解它的外貌特征、生活习性和行为习惯等内容。黑夜中的"小精灵"让孩子们既惊喜又害怕，他们瞪着可爱的眼睛生怕看漏了什么。这些小小虫儿对孩子们有着一种神奇吸引力，让他们感受到了生物的奇妙特性，发现生命的美好。

班级内，孩子们为毕业典礼使出了浑身解数，每天主动排练着毕业诗、毕业歌、昆虫走秀，想在舞台上展示自己最棒的一面。演出开始了，孩子们在动听的旋律里，在真挚的诗歌中，感受对幼儿园、对老师、对同伴的依依不舍。

幼儿园毕业是小朋友人生中的第一次毕业。对于"毕业"的话题，孩子们总表现出浓厚的兴趣。对于大班的孩子来说，三年的幼儿园时光，是快乐而充实的。在毕业前，与小伙伴共同回忆一起走过的日子，感受自己成长的变化，如同一次总结性的思考，这是很有仪式感的一件事。此外，通过积极参与毕业活动，幼儿的自主意识也有了一定的提高。

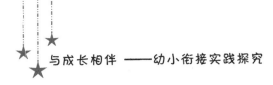

在幼小衔接的教育实践中，要大胆探索更多、更好的方式方法，真正让幼儿体验游戏、操作、交往所带来的成长快乐。在染布一系列的活动中，依据幼儿的兴趣点不断深挖染布的各种方法，让他们萌发对中国传统文化的喜爱，继而感受自豪和自信。将自己的作品进行义卖，幼儿的劳动付出有了收获，从而产生了成就感。我们为孩子营造轻松愉悦的讨论、探究、表达的环境，并为孩子提供材料的支持。幼儿了解布的神奇特性并给予幼儿探索问题的勇气，培养了幼儿解决问题的能力，为他们的学习准备奠定良好基础。